BIBLIOTHEQUE DAIGAKUSYORIN

Charles Baudelaire

Le Spleen de Paris

シャルル・ボードレール

パリの憂鬱

松井美知子訳注

LIBRAIRIE DAIGAKUSYORIN

解　　説

　シャルル・ボードレールは1821年，パリに生まれた。6歳のときに祖父といっても良いくらい年の離れた父フランソワは世を去り，若い母はすぐに，軍人オーピックと再婚する。その後，成績優秀な息子の将来をおそらく期待したであろう義父と，文学の道に進もうと決心したシャルルの間では一生確執がつづくことになる。

　現在も存続する，バカロレア（大学入学資格）に合格したのち，大学の講義には出ずに，女性たちとつきあったり，文学を志す青年仲間たちとの気ままな生活，いわゆるボエームの生活をおくる。1841年，息子の放蕩を心配した家族は，シャルルを南洋旅行に旅立たせる。帰国してのち，成人に達すると実父フランソワの遺産を受け継ぐが，シャルルはダンディとしての生活や，美術品の購入などで財産を浪費し，驚いた家族によって，法定後見人をつけられることになる。これにより，自分の財産さえ自由にならない身となるが，これ以後文学活動を本格的にはじめる。

　1857年,「悪の華」が出版されるのは37歳の時である。作品としては，本編の「パリの憂鬱」のほかに，美術をはじめとする，文学，音楽などの多数の評論,「人工の天

解　説

国」,「内面の日記」など，またエドガー・ポーの小説の翻訳を残している。

　晩年にベルギーに講演旅行で滞在したほかは，ほとんどパリに暮らし,そのパリも頻繁に住居を転々としたが，自然を嫌い，人工を好んだボードレールはまさにパリの詩人というにふさわしい。

　さて,「パリの憂鬱」を中心にかんたんに解説を試みたい。「パリの憂鬱」は，名高い「悪の華」とならび称されるボードレールの散文詩集である。しかし出版の経緯は，詩人の晩年の不健康と貧窮を反映するかのように，はかばかしいものではなく，生前に一冊のまとまった詩集としては発表されることはなかった。一部が雑誌などに掲載されてはいたが,やっとその全体が日の目をみたのは，詩人の死の 2 年後，1869 年のことで，しかもボードレール全集のなかである。編集は，友人でもあった，高踏派の詩人バンヴィルと小説家アスリノーの手になる。

　「悪の華」が，いくつかの詩篇が発禁の憂き目にあったとはいえ，あらたに「パリ風景」の章や，書き下ろしの傑作も幾編か加えられ，さらに充実した再版が出版されたのにひきかえ，まことに不幸な運命を背負っていたといわねばならない。

　しかし，このことはたとえば遅筆などという詩人の側の事情だけでなく，文学的な状況も考慮されなければならないだろう。というのも，散文詩というジャンル自体

解　説

が，19世紀当時のフランス文学においては特異な存在であった。そもそもフランスでは詩と散文を峻別する伝統があり，詩とはすなわち韻文を指す。ポエムとは韻文の作品のことであり，ポエジーとはまず，決められた形式と約束事にのっとって作品を作る技法のことであった。従って散文によるポエムということは，その言葉自体が自己矛盾をはらむものであった。そうした中で散文詩という作品がなかなか受け入れられにくいということは想像に難くない。西洋語の詩というものは，韻，音節の数にはじまって細かい約束事があり，我が国で一般の人々も比較的かんたんに歌を詠む，などという状況とは違う。そのなかでも，フランス詩は制約が多く，たとえば英語においては古くからブランク・ヴァース（韻をふまない詩句）がさかんに行われ，シェークスピアも多くの傑作を残したのとくらべると，ジャンルの拘束力が非常に強いといわれる。

　その一方で，19世紀にはシャトーブリアンに代表されるような prose poétique すなわち詩的散文と呼ばれるものが多く見られ，研究者たちはモーリス・ド・ゲランの「サントール」や，バルベ・ドールヴィリの「アメデ」などを散文詩の先駆的こころみとしてあげている。こういった，日本の一般の読者にはなじみのない作品についてあえて言及するならば，いずれもなめらかな美文調の散文でつづられており，内容もロマン派的な，作者の感

解　　説

傷的な叙情を表現したものであるといえる。

　さて，ボードレールの散文詩に話をもどそう。このような状況でのボードレールの文学的野心も察せられるというわけであり，ボードレール自身は「パリの憂鬱」を「悪の華」と対をなすものと考えて重要視しており，詩篇の数も 50 というのは，少ないながらも，「悪の華」はもともと 100 篇からの構成であったことからも，かなりの関連やこだわりがかんじられる。

　この対訳本にも収録したが，アルセーヌ・ウーセへの献辞において，詩人の意図をある程度みてとることができるのでこれを検討してみよう。ここで，アロイジウス・ベルトランの「夜のガスパール」という作品をモデルにしたとされるが，(これは現在では岩波文庫に及川茂氏の訳により収録されているので，簡単に読むことができる) 一見して，その内容，形式ともに，かなり異なった性質のものであることが分かる。「ガスパール」はボードレールも言うように，過去に題材をとった幻想であるのにたいして，ボードレールの作品は主にパリを背景とする，「現代の生活」を描くものである。また形式的には，訳でもある程度想像できるように，ベルトランの作品は詩節（ストロフ）にわかれているが，ボードレールのそれは，おおむね物語のような体裁で，区切りなく続けて書かれている。

　前に触れたような状況のなかで，形式の異なる部分を同時にひとつの作品に収めたベルトランの作品の意義は

— iv —

解　説

評価されてもよいであろう。しかしボードレールはもちろんベルトランの方向には進まず，19世紀的な「詩的散文」を解体する方向にむかっていく。献辞での，意識の受ける衝撃を表現するような，落差のある，あるいはヘビのようにくねくねとした散文を夢見たという言葉がこれにあてはまるだろう。

　とはいえ，ボードレールの散文は　レトリックの伝統にのっとった部分も残っているし，ランボーの「イリュミナシオン」に見られるような，短い，硬質な，文体の革命的ともいえる変化はまだみられない。しかしその後の文学状況を考えるならば，これが，「絶対的な出発点」をなすことはあきらかであり，以後，韻文と散文の境界ははっきりしなくなっていったのだ。

　こうしたなかで，ボードレールの新しさは，やはり献辞にあるように，「19世紀の首都パリ」にうごめく人々のさまざまな「現代の生活」を，すでに試みられていた小説でなく，散文詩として切り取ったことにあるだろう。おおくの詩はマージナルな存在，すなわち大道芸人，老婆，貧乏人，狂人などを，上流社会の人間やブルジョワたちなどの，豪勢で安楽な生活をおくる人々との対比において描いており，ボードレール自身は散歩者，観察者として「見たもの」を表現する体裁をとっている。（このような街頭の風景は貧乏人を移民労働者にでもおきかえれば，現在でも，そう変わらないことにパリを訪れた者

解　　説

は驚くだろう）

　ボードレールは詩人であるよりも先に，まずは当時のサロン（美術の官展）を論評する批評家として，ジャーナリズムにデビューし，ドラクロアやアングルなどの絵画を評したが，それはまた，ボードレール自身の芸術論ともなっているのは言うまでもないだろう。そうした美術評論のなかに，あまり一般に知られているとは言えない風俗画家の（現代のイラストレーターのような職業），コンスタンタン・ギイスを論じた「現代生活の画家」(1862年)は後期のボードレールにおいて重要なものとなっている。その描写は，散歩をしながら人々を観察し，群集と交わり，自我と非自我とを一致させる画家と（収録した散文詩「群集」を参照），ボードレールとの共通点をいくつか見せている。しかし，洒落な社交人として描かれるギイスとは異なり，ボードレールは，むしろ散文詩に登場するマージナルな人々により近く，これらの人物は経済的に困窮し，筆の進まない，出版するあてのない，発禁をくらったスキャンダル詩人自らを多分に含んでいる。単に表面的な観察者の立場ではおわることができなかったはずであり，ここに詩人のこういった人々へのかぎりない共感を読みとるべきであろう。

　そのような，いわば猥雑な登場人物たちのなかで，この詩集において清新な雰囲気を保っているのは，これも詩人の分身とおぼしき「少年」の存在である。空を流れ

解　説

る雲をながめる「異国の人」，大道芸人たちに目を見張る少年や(「天職」)，捕えられた鼠をおもちゃとして食い入るような眼でみつめる金持ちの少年（「貧乏人のおもちゃ」）などに見られる視点である。また，「貧乏人の眼」では，オスマン改造のパリで開店したばかりのきらびやかなカフェと，そこで食事をする富裕階級の男女を見詰める貧乏人の子供たちの好奇心にみちた眼が描かれている。このような視点は，ギイス論における「再びみいだされた子供時代」の感性をもつ「天才」ギイスの，流行のどんな変化をも見逃さない眼にも共通するものを持っている。「貧乏人のおもちゃ」の下敷きとなった，1853年の「おもちゃの教訓」において，すでにボードレールは子供の想像力の豊かさについて論じている。

　すべてのものを生き生きと，世界で初めて出会ったかのように，今，この世界に誕生した子供のようにとらえることのできる感性，それこそが，天才＝詩人に必要なものである。このような，後期のボードレール，1860年前後の豊かな時期における肯定的要素がもうすこし注目されても良いのではないだろうか。ともすれば死であるとか退廃などの言葉によってのみ批評され勝ちなボードレールの詩の世界であるが，詩人の感性のみずみずしさを証拠だてるこのような事例を強調したい。もちろん，これらの子供が道徳的に，いわゆる純粋，無垢であるとして，その点を称賛するのではないことは言うまでもな

解　　説

い。雲のなかに神を求める子供にせよ，幼いうちから女性の官能的魅力に引かれる子供にせよ，ただひとつ偏見のない興味，想像力へとつながっていく一点において，その価値をみとめられるべきものであろう。(ちなみに好奇心に満ちた子供というものは，「悪の華」では「旅」に登場する，「地図と版画の好きな」広い世界を夢見る子供くらいであろう。そしてこの詩は時期的にも，この詩集のなかで，もっとも後期に書かれている。また，散文詩の制作年についてははっきりしないものが少なくないが,該当する作品は60年前後とみてさしつかえないものが多い)このように，「パリの憂鬱」は，題材的にも，パリの現代の風俗の描写，群集のなかの陶酔感，詩人としての子供の眼，など美術評論「現代生活の画家」で論じられた美学に，多く重なりあうといえよう。

　また，「パリの憂鬱」のなかには，「悪の華」の内容に類似した女性詩篇や，詩人の魂の内面をもっぱら描いたものもあるが，ここでは紙面の制限もあり，大都市の生活に関連のあるものを中心とした。より詳しくは全体にあたってみることをおすすめしたい。

　現代の風俗を描くべきとの主張は，その文脈はことなっても，美術評論家としてのデビューをはたした翌年の「1846年のサロン」においてすでに見られる。新古典主義的な不動の美から，ロマン主義の躍動の美をへて，写実主義，印象派へとつながっていく過程，すなわち永遠の

解　説

相にたいして,うつろい流れる時間の相を発見していく,19世紀の美術状況のコンテクストのなかで先頭にたって論陣を張るボードレールが,みずからの芸術のなかにも,形式の不動性にささえられた韻文から,一種不安定な,変化する散文表現へと進んでいったのは,ごく自然なことと言わなければならないだろう。いわゆる美の二重性,すなわち美とは古典的で一面的な永遠の美ではなく,永遠の相と,一時的で時代によって変化する歴史的な相の両方からなりたっている,とするのがボードレールの美術論であった。この歴史的な相,時代によって移りかわる美の側面が,いわゆる「モデルニテ」であるが,これを表現するのに,散文詩の必然性が浮かびあがったと言えないだろうか。

　周知のごとく,「パリの憂鬱」には諸先輩の方々のすぐれた訳がいくつかある。しかし,大学の教室で講読テキストとして取り上げると,これら参考にすべき訳の日本語そのものが,現在の学生諸君には必ずしも十分に理解できないらしいということがわかってきた。これは残念なことでもあるが,このような状況があるのもまた事実である。ここではわかりやすさを主眼とし,必ずしも原文の構文を尊重しなかった。一例を挙げるならば,詩作品の翻訳,とくに韻文詩の場合,いわゆる西洋語の無生物を主語とする文をそのまま日本語に写すことも行われるようであるが,だいたいにおいてそうした訳は避けた。

解　説

　初学者のために，原文の構文を一部注として説明しておいたので，参照していただきたい。

　ボードレールの原文はやさしそうに見えて，その実非常に凝縮された面をもち，また微妙に音節の数もそろえたり（たとえば「異国の人」），頭韻（韻文の詩のように，詩句の最後の音が同じなのではなく，近接する語句の子音を同じくする修辞法，たとえば「酔うがいい」）をもちいたりして音楽的な効果を実現しているので，そういった点も原文にあたっていただきたいと願うものである。

　このような対訳本も，諸先輩の方々の作品がなければあり得なかったものであり，とくに福永武彦氏（人文書院），阿部良雄氏（筑摩書房）の全集を参考にさせていただいた。またフランス語の疑問について親切に答えてくださった都立大学の Monsieur Didier Chiche，さまざまな助言をいただいた，大妻女子大学の井田進也先生に，またその他のお世話になった方々に厚くお礼申し上げる。

　なお，大学書林語学文庫には以前中島昭和訳注『パリの憂鬱』があったことを付記する。

Le Spleen de Paris

À ARSÈNE HOUSSAYE

　Mon cher ami, je vous envoie un petit ouvrage dont on ne pourrait pas dire, sans injustice, qu'il n'a ni queue ni tête, puisque tout, au contraire, y est à la fois tête et queue, alternativement et réciproquement. Considérez, je vous prie, quelles admirables commodités cette combinaison nous offre à tous, à vous, à moi et au lecteur. Nous pouvons couper où nous voulons, moi ma rêverie, vous le manuscrit, le lecteur sa lecture ; car je ne suspends pas la volonté rétive de celui-ci au fil interminable d'une intrigue superflue. Enlevez une vertèbre, et les deux morceaux de cette tor-

---

1) アルセーヌ・ウーセ (1815—1896)：1862 年にボードレールの散文詩をいくつか掲載した新聞「プレス」や「アルチスト」などを主宰した小説家。この献辞にもあるように「ガラス売りの歌」という詩を発表している。ボードレールの「ガラス売り」には，はるかに及ばないというのが定説　3) **dont on ne pourrait pas dire ...**：dont は関係代名詞。あとに来る動詞 (dire) が de を介して先行詞 (un petit ouvrage) に結びつくことを示す「それについて…と言うことはできないだろう」。pourrait は pouvoir の条件法で語調を和らげる用法　3) **sans injustice**「不当なことなく」　3) **il n'a ni (queue)**

— 2 —

アルセーヌ・ウーセに

　わがよき友よ，きみにこのちいさな作品を送ろう。だがそれが首尾一貫していない，などと言われる筋合いはないと思う。それどころか，ここではすべてが頭にも尾にもなり，代わるがわるお互いに，それぞれの役目を果たしているのだから。考えていただきたい，この構成が皆に，つまりきみやぼくや読者に，どんなに都合がよいかということを。ぼくたちはいつでも好きなところで打ち切りにすることができるのだ，ぼくはぼくの夢想を，きみは原稿を，そして読者はよむことを。というのも，ぼくは先に進みたがらない読者の気持ちを，どうでもいいような果てしもない話の筋につなぎとめておこうとはしないのだから。背骨の一節をどれか取り去ったところ

---

ni (tête)「(尻尾) も (頭) もない」　4) **tout ... y est**: y は場所をあらわす。この場合は (dans cet) ouvrage　5) **à la fois**「同時に」Il est à la fois beau et intelligent. 彼はハンサムで頭がいい　9) **moi ma rêverie ...**: nous の内容を各々示して，couper のそれぞれの目的語をだしている　11) **suspendre ... à**「〜に…を吊す」faire dépendre l'intrigue の意　11) **celui-ci**: 並置された2つ (以上) を対比して，一番近くのもの，ここでは le lecteur を指す。　11) **fil**「話の筋，脈絡」　12) **Enlevez ... , et**: 命令法＋et＝「〜しなさい，そうすれば〜」

À ARSÈNE HOUSSAYE

tueuse fantaisie se rejoindront sans peine. Hachez-la en nombreux fragments, et vous verrez que chacun peut exister à part. Dans l'espérance que quelques-uns de ces tronçons seront assez
5 vivants pour vous plaire et vous amuser, j'ose vous dédier le serpent tout entier.

　J'ai une petite confession à vous faire. C'est en feuilletant, pour la vingtième fois au moins, le fameux *Gaspard de la Nuit*, d'Aloysius Bertrand
10 (un livre connu de vous, de moi et de quelques-uns de nos amis, n'a-t-il pas tous les droits à être appelé *fameux ?*) que l'idée m'est venue de tenter quelque chose d'analogue, et d'appliquer à la description de la vie moderne, ou plutôt d' *une* vie
15 moderne et plus abstraite, le procédé qu'il avait

---

1) **fantaisie**「幻想」想像力 (imagination) を示すこともあるが, より自由な幻想を指す場合が多い。芸術作品では形式に縛られないものをいう(とくに音楽では幻想曲)。なおベルトラン (後出) の「夜のガスパール」の副題にこの語が見られ, 形式の制約に従わない散文による詩そのものをも意識していると思われる (解説参照) 3) **à part**「個別に, 切り離して」　4) **assez〜pour**＋不定詞「…するのに十分〜」　6) **serpent**: 言うまでもなくこの詩集全体であり, 断片, ブツ切りなどは各詩篇を指す。vertèbre からはじまる蛇の隠喩(tortueuse, tronçons) に注意 7) **C'est en ... que**: 強調構文 9) **Aloysius Bertrand**: アロイジウス・ベルトラン (1807—

— 4 —

アルセーヌ・ウーセに

で，曲がりくねり寄り道の多いこの幻想の前後は苦もなくつながることだろう。いくつもの断片に切り刻んでも，ひとつひとつは別個に生きつづけられるとわかるだろう。このブツ切りのいくつかがきみのお気に召し，喜んでいただけるほどに生命力あることを念じつつ，あえてこの蛇をまるごと一匹献じよう。

　ここでちょっとしたうち明け話があるのだ。すくなくとも二十回目にはなるだろう，アロイジウス・ベルトランのかの有名な「夜のガスパール」を拾い読みしていたときに，(きみとぼくと，そしてぼくたちの友人の何人かに知られている本なら，有名と呼んで一向にさしつかえないのではあるまいか) 何か似たようなことを試みようと思いついたのだ。かつてベルトランが，あのひどく風変わりで絵のような趣のある昔の生活を描き出すのに用いた方法を，現代生活，いやむしろもっと抽象的なある

1841)：ボードレールの言うように，この詩集は詩人仲間で知られていたのみであり，一般的に「有名」とはいえない。「夜のガスパール」は 1842 年の死後出版　11) **avoir le droit à**＋不定詞 (一般的には de をもちいる)「～する権利がある」　12) **l'idée m'est venue de**「わたしに (de 以下の) アイデアが湧いた」　14) **la vie moderne, ou plutôt une vie moderne**：定冠詞では一般的に現代生活というものを示し，不定冠詞はその一側面，「あるひとつの生活」をあらわす　15) **plus abstraite**：la vie ancienne との比較において言っており，pittoresque に対応する　15) **le procédé**：appliquer の目的語

— 5 —

À ARSÈNE HOUSSAYE

appliqué à la peinture de la vie ancienne, si étrangement pittoresque.

Quel est celui de nous qui n'a pas, dans ses jours d'ambition, rêvé le miracle d'une prose poétique, musicale sans rythme et sans rime, assez souple et assez heurtée pour s'adapter aux mouvements lyriques de l'âme, aux ondulations de la rêverie, aux soubresauts de la conscience ?

C'est surtout de la fréquentation des villes énormes, c'est du croisement de leurs innombrables rapports que naît cet idéal obsédant. Vous-même, mon cher ami, n'avez-vous pas tenté de traduire en une *chanson* le cri strident du *Vitrier*, et d'exprimer dans une prose lyrique toutes les désolantes suggestions que ce cri envoie jusqu'aux mansardes, à travers les plus hautes brumes de la rue ?

---

3) **quel est celui de nous …** : quel は疑問代名詞, de のなかで誰が。celui は関係代名詞の先行詞で,「わたしたちのなかで〜なのは誰か」。ただしここでは修辞疑問文なので,「〜のような人はいるだろうか, いやいない」となる。6) **heurtée** : 文体については,「コントラストが強い」また強すぎるために「不調和」にもなるようなものを指す 8) **soubresauts** : もともと馬が乗り手をおどろかすような突然の跳ね (saut) をあらわす。本人にも知られないような意識の突然の変化を考える 9) **c'est surtout de … c'est de …** : 強調構文 9) **villes énor-**

アルセーヌ・ウーセに

ひとつの現代生活の描写に応用してみようと思ったのだ。

　いったいぼくたちのなかで，文学的野心にもえていた若い日々に，すばらしい詩的散文の奇跡を夢見なかったものが一人としているだろうか。リズムもなく韻も踏まないのに音楽的で，こころの叙情的なうごきや，夢想の波のうねりや，意識の急激な動揺にもついていけるほど十分にしなやかであり，またぎくしゃくとした，そんな詩的散文を。

　このとりついて離れることのない理想は，とりわけ巨大な都市に足しげく歩を運ぶことや，都市の織りなす数限りない関係のかさなりあいから生まれてくるのだ。友よ，きみ自身も一篇のシャンソンでガラス売りの金切り声をあらわし，街路にたちこめる底しれぬ深い霧をとおして，その叫びが屋根裏部屋まで送ってよこすあらゆる痛ましい暗示を，叙情的散文で表現しようとしたのではなかったか。

---

mes：複数になっているので，パリのほかに，De Quincey の描くロンドンも考えられているだろう（阿片吸飲者の告白）　11) **naît (naître) de**「～から生まれる」（de は強調構文のため前に出ている）　12) **traduire ～ en ...**「～を…で表わす」　16) **mansarde**：パリの多くの建物に見られ，グレーのスレート屋根の部分に小さな部屋が作られている　16) **les plus hautes**：最上級は「～さえも」，との意味合いがこめられることが多い

À ARSÈNE HOUSSAYE

Mais, pour dire le vrai, je crains que ma jalousie ne m'ait pas porté bonheur. Sitôt que j'eus commencé le travail, je m'aperçus que non seulement je restais bien loin de mon mystérieux et brillant
5 modèle, mais encore que je faisais quelque chose (si cela peut s'appeler *quelque chose*) de singulièrement différent, accident dont tout autre que moi s'enorgueillirait sans doute, mais qui ne peut qu'humilier profondément un esprit qui regarde
10 comme le plus grand honneur du poète d'accomplir *juste* ce qu'il a projeté de faire.

Votre bien affectionné,
C. B.

---

1) **pour dire le vrai**「実を言えば」(文章語) 普通にはà vrai dire 1) **je crains**：craindre の後は接続法，ここでは接続法過去 1) **ma jalousie**：先人，ベルトランの作品と張り合おうとすること 2) **sitôt que**「〜するやいなや」j'eus commencé は前未来で，直前におこった出来事をあらわす 3) **non seulement 〜 mais ...**「〜ばかりでなく…も」 5) **modèle**：ベルトランの作品を指す 6) **quelque chose**：名詞で，「何か」(なにがしかのもの) この前に出ている quelque chose は，不定代名詞で，〜de＋男性単数形容詞＝「何か … なこと」 7)

アルセーヌ・ウーセに

 しかし実のところ，ベルトランを羨んだところで，ぼくには幸いしなかったのではないかと，気がかりでならない。この仕事をはじめるとすぐに，あの不思議ですばらしいお手本にはるかに及ばないばかりか，妙にちがった何ものか（それが何ものか，と呼ぶに価するとすればの話だが）を書いていると気づいたのだ。この偶然の出来事はぼく以外の人間なら得意になるにちがいないだろうが，計画したとおりに事をはこぶことこそが，詩人の最高の名誉であると考える者は，ふかく恥じ入るほかはないであろう。

きみの親愛なる
C.B.

---

accident：この文前半の事実（お手本とはかけ離れ，違ったものになったこと）を同格でこう表現している。7) **dont**：前出 s'enorgueillir de〜「〜で得意になる」 8) **s'enorgueillirait**：条件法。tout autre que moi が条件になっている。「わたし以外の人（ならば）」 8) **qui ne peut que**：qui の先行詞は accident。また ne peut (pouvoir) que＋不定詞「〜するほかはない」 11) **juste**：副詞で，「正しく，正確に」

L'ÉTRANGER

« Qui aimes-tu le mieux, homme énigmatique, dis? ton père, ta mère, ta sœur ou ton frère?

—Je n'ai ni père, ni mère, ni sœur, ni frère.

—Tes amis?

—Vous vous servez là d'une parole dont le sens m'est resté jusqu'à ce jour inconnu.

—Ta patrie?

—J'ignore sous quelle latitude elle est située.

—La beauté?

—Je l'aimerais volontiers, déesse et immortelle.

—L'or?

—Je le hais comme vous haïssez Dieu.

—Eh! qu'aimes-tu donc, extraordinaire étranger?

—J'aime les nuages … les nuages qui passent … là-bas … là-bas … les merveilleux nuages! »

---

3) **dis**「ねえ，おい」など呼びかける表現　4) **ne～ni～, ni～**「～も～も～ない」　6) **servir de**～「～を用いる」　6) **dont**: le sens de (la) parole　7) **m'est resté**: rester の複合過去。現在まで続いている状態をいう。m'(me) は，「わたしにとって」　9) **sous quelle latitude**: quelle＝quel の女性形。どん

異国の人

　誰がいちばん好きなんだ，謎の人よ，ええ？　父親か母親か，それともきょうだいか。
——ぼくには父も母も，きょうだいもいはしない。
——それでは友だちか？
——あなたの言う，その言葉は，今日この日までぼくには意味がわからないものだ。
——祖国はどうか？
——そんなものがこの世界のどこにあるのかぼくは知らない。
——美人はどうだね？
——決して死なない女神なら，喜んで好きにもなるだろう。
——では黄金は？
——大嫌いだ，あなたが神を大嫌いなように。
——なんだい，それじゃいったい何が好きなんだ，おかしな異国のひとよ？
——ぼくは雲が好き。流れていく雲が，あそこを，ほら，あのすばらしい雲が！

な,「どの緯度の下に＝どこに」 11) **aimerais**：条件法。déesse et immortelle が条件になっている　11) **déesse et immortelle**：déesse は dieu の女性形で,「女神」。immortelle も女神の意の名詞であり，どちらも l' (la beauté)の同格　16) **les nuages**：雲が好きな少年は「天職」にも見られる

LA CHAMBRE DOUBLE

Une chambre qui ressemble à une rêverie, une chambre véritablement *spirituelle,* où l'atmosphère stagnante est légèrement teintée de rose et de bleu.

L'âme y prend un bain de paresse, aromatisé par le regret et le désir. — C'est quelque chose de crépusculaire, de bleuâtre et de rosâtre ; un rêve de volupté pendant une éclipse.

Les meubles ont des formes allongées, prostrées, alanguies. Les meubles ont l'air de rêver ; on les dirait doués d'une vie somnambulique, comme le végétal et le minéral. Les étoffes parlent une langue muette, comme les fleurs, comme les ciels, comme les soleils couchants.

Sur les murs nulle abomination artistique.

---

6) **y** : (dans) une chambre と考える。このように前置詞は出ていなくても想定してうけることができる 6) **un bain de paresse** : bain は日常的には風呂のことだが, 液体に浸った状態をいう。cf. bain de mer 海水浴 11) **avoir l'air de**〜「〜のように見える」 12) **on les dirait doués de**〜「〜の能力を与えられているようだ」on dirait＝〜のようだ 12) **somnambulique**「夢遊病の, 催眠状態の」。somnambulisme は夢遊病,

二重の部屋

　夢想に似た部屋，ほんとうに<u>精神的な</u>部屋。よどんだ空気がわずかにバラ色と青に染まっている。

　魂はこの部屋で，後悔と欲望の香りのする倦怠のなかにひたっている。それは何かうす暗がりの，青みがかってバラ色にちかいもの，太陽が日食で陰るあいだの快楽の夢。

　家具はどれも細長くのび，もの憂げで，けだるいかたちをしている。家具どもは夢をみているらしい。植物や鉱物のように，まるで夢遊病者の生命をあたえられているかのよう。布は布で，花のように，空のように，夕日のように，声のない言葉を語る。

　壁には，醜悪な絵画の類は一枚もない。まじり気のな

または催眠状態を言うが，19世紀には磁気の作用でも生物にこのようなことが起こると考えられていた。鉱物に作用する磁気と区別するために「動物磁気」なる用語も存在した。次に「植物や鉱物のように…」とあるのはこういう背景のためとおもわれる。13) **le végétal et le minéral**「植物界と鉱物界」 16) **abomination artistique**: abomination は「嫌悪すべきこと」，ここでは見るに耐えない絵画，彫刻など

LA CHAMBRE DOUBLE

Relativement au rêve pur, à l'impression non analysée, l'art défini, l'art positif est un blasphème. Ici, tout a la suffisante clarté et la délicieuse obscurité de l'harmonie.

Une senteur infinitésimale du choix le plus exquis, à laquelle se mêle une très légère humidité, nage dans cette atmosphère, où l'esprit sommeillant est bercé par des sensations de serre chaude.

La mousseline pleut abondamment devant les fenêtres et devant le lit ; elle s'épanche en cascades neigeuses. Sur ce lit est couchée l'Idole, la souveraine des rêves. Mais comment est-elle ici ? Qui l'a amenée ? quel pouvoir magique l'a installée sur ce trône de rêverie et de volupté ? Qu'importe ? la voilà ! je la reconnais.

Voilà bien ces yeux dont la flamme traverse le crépuscule ; ces subtiles et terribles *mirettes*, que

---

6) **à laquelle** : une senteur を先行詞とする関係代名詞。lequel が前置詞をともなって女性形に変化したもの　12) **est couchée l'Idole** : 倒置 (l'Idole est couchée)　14) **qui l'a amenée** : (次の installée, étudiées も同様)。l' は la がエリジオンしたもので，過去分詞は先行する目的語の性，数に一致する。

二重の部屋

い夢や,あいまいなままの印象にくらべれば,こうと決められた芸術,あまりにも明白な芸術は冒瀆だ。ここではすべてが,調和をなすのに十分な明るさと,甘美なうす暗がりのなかにある。

　選び抜かれたごくかすかな香りに,わずかな湿気がいりまじってこの空気のなかに漂い,まどろむ精神は温室のような感覚でやさしく揺すられる。

　モスリン地が窓とベッドのまえに豊かに降りかかり,広がって雪のように白い滝となる。ベッドの上には夢の国をつかさどる「偶像」が横たわっている。しかしなぜ彼女はここにいるのか,誰が連れてきたのか,どんな魔力がこの夢想と快楽の玉座に据えたのか？　いや,どうでもよい,彼女はそこにいる！　わたしには見覚えがある。

　たしかにあれは,らんらんと輝いてうす明かりを貫き透す,あの眼だ。ああ,あれが例の鋭く恐ろしいまなこ

---

16) **qu'importe**「どうでもよい」　17) **bien**：強調「たしかに」　17) **dont**：la flamme de ces yeux traverse …　18) **mirettes**「眼」を意味するが,詩ではとうてい用いられないような,この時代にあらわれた俗語

LA CHAMBRE DOUBLE

je reconnais à leur effrayante malice! Elles attirent, elles subjuguent, elles dévorent le regard de l'imprudent qui les contemple. Je les ai souvent étudiées, ces étoiles noires qui commandent la curiosité et l'admiration.

À quel démon bienveillant dois-je d'être ainsi entouré de mystère, de silence, de paix et de parfums? O béatitude! ce que nous nommons généralement la vie, même dans son expansion la plus heureuse, n'a rien de commun avec cette vie suprême dont j'ai maintenant connaissance et que je savoure minute par minute, seconde par seconde!

Non! il n'est plus de minutes, il n'est plus de secondes! Le temps a disparu; c'est l'Éternité qui règne, une éternité de délices!

Mais un coup terrible, lourd, a retenti à la porte, et, comme dans les rêves infernaux, il m'a semblé que je recevais un coup de pioche dans l'estomac.

---

6) **démon bienveillant** : démon とは，他の作品でも言及されるが「人間に運命を示唆する，善良または邪悪な超自然的な存在」ここでは bienveillant とあるので，良いほう　　6) **(À quel…) dois-je d'être** : devoir à〜de＋不定詞「…するのは

二重の部屋

なのだと，身の毛もよだつ悪意でそれとわかる。その眼は，うっかりこれに見入った者のまなざしを引きつけ，魅了し，むさぼりつくす。わたしは何度も注視した，好奇心と賛嘆の念を呼び起こすこの黒い星を。

　どんな守護霊の加護あって，こうして神秘，沈黙，平安と香気につつまれていられるのだろう。ああなんというしあわせ！　わたしたちがふつうに生とよぶものが，どんなに見事に展開をとげた時でさえ，いまや知り，一分一分，一秒一秒味わっている，この最高の生とは似ても似つかぬもの！

　いや，もはや分もなく，もはや秒もない。時間は消え去った。いまあるのはただ「永遠」，悦楽の永遠！

　ところが，すさまじく重い一撃が戸口で響いた。そしてまるで地獄の夢を見ているかのように，みぞおちをつるはしで一撃されたような気がした。

〜のおかげだ」　10) **n'avoir rien de commun avec**〜　「〜とまったく共通点がない」(rien は de を介して形容詞をとる)　11) **avoir connaissance de**〜　「〜を知る」　14) **il n'est plus**：この il est は il y a と同じ

LA CHAMBRE DOUBLE

Et puis un Spectre est entré. C'est un huissier qui vient me torturer au nom de la loi ; une infâme concubine qui vient crier misère et ajouter les trivialités de sa vie aux douleurs de la mienne ; ou
5 bien le saute-ruisseau d'un directeur de journal qui réclame la suite du manuscrit.

La chambre paradisiaque, l'idole, la souveraine des rêves, la *Sylphide*, comme disait le grand René, toute cette magie a disparu au coup brutal
10 frappé par le Spectre.

Horreur ! je me souviens ! je me souviens ! Oui ce taudis, ce séjour de l'éternel ennui, est bien le mien. Voici les meubles sots, poudreux, écornés ; la cheminée sans flamme et sans braise, souillée
15 de crachats ; les tristes fenêtres où la pluie a tracé des sillons dans la poussière ; les manuscrits, raturés ou incomplets ; l'almanach où le crayon a marqué les dates sinistres !

Et ce parfum d'un autre monde, dont je

---

1) **huissier**「執達吏」。法にもとづいて差し押さえなどを行う 3) **concubine**「内縁関係にある女性」(男性形は concubin) 3) **crier misère**： crier＋無冠詞名詞は「〜を叫ぶ，訴える」。misère は「貧困」 4) **trivialités**「陳腐なもの」 5) **saute-ruisseau**：(古)「使い走りの書生，小僧」 8) **la Sylphide**：若い女性の姿をした「空気の妖精」 8) **le grand René**：ロマン

二重の部屋

　それから「亡霊」が入ってきた。法をたてにとって，わたしを責めさいなみに来た執達吏，かと思うと，金に困ったと嘆き，くだらない生活の様子をならべたてて余計つらい思いをさせる，がまんのならない同棲相手だったり，でなければ原稿の続きを催促する，新聞社がよこした使い走りの小僧だ。

　あの天国のような部屋や，偶像，夢という夢の女王，偉大なルネの言葉をかりれば「シルフィッド」などという，そんな魔法の一切が，「亡霊」にいきなり一撃をくらったせいで消え去ってしまった。

　ああなんということだ！　思い出した，そうだ，このあばら家，この年中ただもう退屈するしかない場所，それがわたしの棲み家だ。ほこりだらけで角の擦りへったつまらない家具，炎も燠もなく痰で汚れた暖炉，ほこりのうえに雨が筋をつけたみじめな窓，書き直しだらけか書きかけの原稿，不吉な日付に鉛筆でしるしをつけた暦が，ここにあるではないか！

　しかも，研ぎ澄まされた感覚で酔いしれた別世界のあ

派詩人シャトーブリアン（François René de Chateaubriand 1768-1848）のこと　9) **toute cette magie**：tout は形容詞で，tout(e)＋定冠詞（指示/所有形容詞）＋名詞→「〜全体」　12) **l'éternel**：（名詞のまえで）「果てしない，きりがない」　19) **dont je m'enivrais**：（de ce parfum）の de による。→ p. 2, 3), s'enivrer de 〜 「〜に酔う」

LA CHAMBRE DOUBLE

m'enivrais avec une sensibilité perfectionnée, hélas! il est remplacé par une fétide odeur de tabac mêlée à je ne sais quelle nauséabonde moisissure. On respire ici maintenant le ranci de
5 la désolation.

Dans ce monde étroit, mais si plein de dégoût, un seul objet connu me sourit : la fiole de laudanum ; une vieille et terrible amie ; comme toutes les amies, hélas! féconde en caresses et en
10 traîtrises.

Oh! oui! le temps a reparu ; le Temps règne en souverain maintenant ; et avec le hideux vieillard est revenu tout son démoniaque cortège de Souvenirs, de Regrets, de Spasmes, de Peurs,
15 d'Angoisses, de Cauchemars, de Colères et de Névroses.

Je vous assure que les secondes maintenant sont fortement et solennellement accentuées, et

---

3) **je ne sais quelle** : je ne sais＋疑問詞で「〜だかわからないが」 4) **respirer**:「(空気を) 吸う，においをかぐ」ここでは他動詞 4) **le ranci** : rancir (バターなどが酸敗する) の過去分詞を名詞的に用いたもの 7) **laudanum**「阿片チンキ」。アヘン (opium) をアルコールで浸出した液で当時は睡眠薬など薬用にも使用 9) **fécond en〜**「〜に富んだ」 12) **et avec le hideux vieillard ...** : tout son 以下が est revenu の主語で

— 20 —

////
二重の部屋

の香り,それにとって代わったものが,なんということだ,何かむかむかする黴のにおいと混じった,たばこの悪臭とは! いまやここでは落胆のすえたにおいを嗅ぐばかりだ。

狭くて不愉快なことばかりのこの世界で,ただひとつ見慣れたものがわたしにほほえみかける。阿片チンキの小ビンだ。それは昔なじみの恐ろしい恋人で,ああ,どの女もそうだが,かわいがってもくれるが手痛く裏切りもする恋人たちだ。

そうなのだ! 「時間」は再び現れた。いまや「時間」が支配者として君臨する。そしてこの醜い老人といっしょに,「記憶」,「悔恨」,「痙攣」,「恐怖」,「苦悶」,「悪夢」,「怒り」,「神経症」といった悪魔のようなお供が,ぞろぞろと戻ってきた。

いや,まちがいない,たしかに秒を刻む音がいまでは力強く厳かになり,毎秒毎秒が,振り子から飛び出して

あるが,長いため倒置されている。また,le hideux vieillard は大文字の le Temps でしめされる「アレゴリーとしての時」を象徴的にあらわす 13) **Souvenirs**…: le Temps と同様,ある観念を象徴的に人物などの形を用いて,図像などにあらわすことが行われた。たとえば Colère は,「青白くやせこけて鞭を手にする人物」, Regret は「墓にひざまずき泣き濡れた黒服の女性」であらわされる。(ベシュレル)

LA CHAMBRE DOUBLE

chacune, en jaillissant de la pendule, dit : —« Je suis la Vie, l'insupportable, l'implacable Vie ! »

Il n'y a qu'une Seconde dans la vie humaine qui ait mission d'annoncer une bonne nouvelle, la *bonne nouvelle* qui cause à chacun une inexplicable peur.

Oui ! le Temps règne ; il a repris sa brutale dictature. Et il me pousse, comme si j'étais un bœuf, avec son double aiguillon. « Et hue donc ! bourrique ! Sue donc, esclave ! Vis donc, damné ! »

---

4) **ait** : avoir の接続法現在。Il n'y a qu'une (ただ一つ) の表現があるため 4) **la bonne nouvelle**「死」を意味しているが，このようにイタリックになっている場合は「聖書の福音」を暗示している 8) **comme si ...**「まるで…であるかのよう

二重の部屋

きて，こう言う，「わたしが『生』だ，耐えがたい，情け容赦のない『生』だ。」

　人生を通じて良い知らせ，一人一人に言いようのない恐怖をひき起こすあの<u>良い知らせ</u>を告げる使命を帯びた「秒」は，ただ一つしかない。

　そうだ！　「時間」は支配する，時間はその横暴な独裁権をとりもどした。そしてわたしを，まるで牛かなにかのように，その二本の針で駆り立てるのだ———「さあ，行け，まぬけめ！　汗をかけ，奴隷め！　生きるのだ，罰当たりめ！」

に」(ふつう主節と同時のことを言うときには後は直説法半過去)　9) **aiguillon**：牛を追いたてるための「突き棒」(時計の針は aiguille という)　9) **hue**「馬などを促すかけ声」

LE MAUVAIS VITRIER

Il y a des natures purement contemplatives et tout à fait impropres à l'action, qui cependant, sous une impulsion mystérieuse et inconnue, agissent quelquefois avec une rapidité dont elles se seraient crues elles-mêmes incapables.

Tel qui, craignant de trouver chez son concierge une nouvelle chagrinante, rôde lâchement une heure devant sa porte sans oser rentrer, tel qui garde quinze jours une lettre sans la décacheter, ou ne se résigne qu'au bout de six mois à opérer une démarche nécessaire depuis un an, se sentent quelquefois brusquement précipité vers l'action par une force irrésistible, comme la flèche d'un arc. Le moraliste et le médecin, qui prétendent tout savoir, ne peuvent pas expliquer d'où

---

2) **nature**：(性質) を持った「人」　5) **avec une rapidité dont**：incapable de (une rapidité)の de のために dont になっている　5) **se seraient crues**：se croire の条件法過去　「自分が…だと思う」　7) **tel**：文章語で関係代名詞の先行詞として用いられる不定代名詞，tel qui ... は，「…する人」　7) **concierge**：フランスのアパルトマンで，建物に出入りする人に注意をはらったり，各戸に郵便物を配ったりする。日本の

無能なガラス売り

　四六時中考え事をしているのが性にあっていて，行動には全然向かない人間がいるものだが，それでも時には不思議な未知の衝動にかられて，自分でもまさかとおもわれるほど素早く行動に走ることがある。

　コンシエルジュのところに悲しい知らせがきているかと心配で，家に入る勇気もなくぐずぐずと一時間も戸口のまえを行ったり来たりする人もいれば，手紙の封を切らずに二週間もそのまま持っていたり，一年もまえから必要な手続きを済ませるのに，なお半年もたたないとふんぎりがつかない，という人もいる。こういう人間でも時にはまるで弓から放たれた矢が飛んでいくように，どうしようもなく突然に何かをしようという気分におそわれるというのだ。何でも知っていると称する道徳家や医者でさえ，これほど不精で享楽的な人たちに，いったい

管理人とは少し異なる。10) **sans（la décacheter）**「～することなしに」la は lettre　11) **se résigner à**＋不定詞「あきらめて…する」　11) **au bout de six mois**：「六ケ月後に」　12) **se sentent**：主語は前の二つの tel qui　16) **ne peuvent pas expliquer**：次の d'où vient と comment 以下が目的語　16) **d'où vient**「どこからくるのか」　主語は後の énergie で，倒置されている

LE MAUVAIS VITRIER

vient si subitement une si folle énergie à ces âmes paresseuses et voluptueuses, et comment, incapables d'accomplir les choses les plus simples et les plus nécessaires, elles trouvent à une certaine minute un courage de luxe pour exécuter les actes les plus absurdes et souvent même les plus dangereux.

Un de mes amis, le plus inoffensif rêveur qui ait existé, a mis une fois le feu à une forêt pour voir, disait-il, si le feu prenait avec autant de facilité qu'on l'affirme généralement. Dix fois de suite, l'expérience manqua ; mais, à la onzième, elle réussit beaucoup trop bien.

Un autre allumera un cigare à côté d'un tonneau de poudre, *pour voir, pour savoir, pour tenter la destinée*, pour se contraindre lui-même à faire preuve d'énergie, pour faire le joueur, pour connaître les plaisirs de l'anxiété, pour rien, par

---

4) **à une certaine minute**: certain は名詞のまえで，「ある～」の意 5) **de luxe**「余計な，無駄な」 8) **ait existé**: exister の接続法過去。le plus（最上級）のため 9) **a mis**：複合過去，経験をあらわす。この「友人」の話の続きは，manqua, réussit と単純過去が用いられ，こういった場合複合過去は，話者自身との心理的な近さや，現在にも影響を及ぼしていることを示す 10) **autant de ... que**〜「〜と同じくらいの〜」

無能なガラス売り

　どこから急にそんな気違いじみたエネルギーが湧いてくるのかを説明することはできない。またこの上なく簡単で不可欠なことさえ出来ないのに，ある時に限っておよそ非常識な，またしばしば危険きわまりない行為さえやってのける余計な勇気を，いったいどうやって見出すのか，とうてい説き明かすことはできない。

　わたしの友人のひとりだが，かつてないほどのおとなしい夢見勝ちの人なのに，ふつう人が言うほどかんたんに火がつくものかどうか，ただそれをたしかめるためにあるとき森に火をつけたと言うのだ。十回続けてその実験は失敗におわった。しかし，十一回目に，あまりにうまく行きすぎてしまった。

　また別の友人は，運命を予見するため，運命を知るため，運命を試みるために，火薬の樽のそばで葉巻に火をつけるかも知れない。むりやり気力のあるところをみせたり，賭博師を気取ったり，不安な気分を楽しむため，いや，ただ何ということもなく，気まぐれに，ひまつぶ

---

11) **l'affirme**：l'(le)は簡単に火がつくという内容を指す，中性代名詞　11) **de suite**「続けて」　12) **à la onzième**：＝ ... fois　14) **un autre**：＝un autre ami　14) **allumera**：単純未来，推測をあらわす　16) **se contraindre lui-même à**「無理して〜する」。lui-même は，代名動詞の se を強調　17) **faire preuve de**〜「〜を示す，発揮する」　17) **faire**＋定冠詞＋名詞「…の役を演ずる」　18) **pour rien**「つまらない理由で」

LE MAUVAIS VITRIER

caprice, par désœuvrement.

C'est une espèce d'energie qui jaillit de l'ennui et de la rêverie ; et ceux en qui elle se manifeste si inopinément sont, en général, comme je l'ai dit, les plus indolents et les plus rêveurs des êtres.

Un autre, timide à ce point qu'il baisse les yeux même devant les regards des hommes, à ce point qu'il lui faut rassembler toute sa pauvre volonté pour entrer dans un café ou passer devant le bureau d'un théâtre, où les contrôleurs lui paraissent investis de la majesté de Minos, d'Eaque et de Rhadamante, sautera brusquement au cou d'un vieillard qui passe à côté de lui et l'embrassera avec enthousiasme devant la foule étonnée.

Pourquoi ? Parce que … cette physionomie lui était irrésistiblement sympathique ? Peut-être ; mais il est plus légitime de supposer que lui-même il ne sait pas pourquoi.

J'ai été plus d'une fois victime de ces crises et de ces élans, qui nous autorisent à croire que des

---

3) **ceux en qui elle se manifeste si inopinément**「それ（エネルギー）がひどく不意をついて現われる人々」　7) **à ce point que**「…ほどまでに」　8) **rassembler**（精神的な力）を集中する　9) **le bureau d'un théâtre**「劇場の切符（予約）

しに，こういうことをするのだ。

　これはつまり倦怠と夢想からわいてくる一種のエネルギーなのだ。またすでに述べたが，一般的に言って，こういうエネルギーはもっとも無邪気で夢見勝ちなひとに限って，ひどく不意をついて現れるのだ。

　さらにもう一人の友人は，人の視線をさけて眼をふせるほどで，なけなしの気力を奮いおこさないと，カフェに入ることもできないし，劇場では切符切りが地獄の裁きを行うミノスやエアクやラダマントの権限をもつように思えるので，切符売り場を通ることもできないほど気が弱いのだ。それなのに突然，そばを通った老人の首にとびついて熱狂的に抱きしめ，通行く人の度肝をぬいたりする。

　なぜこんなことをするのか？　なぜといって，その老人の容貌にどうしようもなく好意を持ったからだろうか。あるいはそうかも知れない。けれども，本人にもその理由はわからないとするほうが道理にかなっているだろう。

　わたしは一度ならずこうした発作や衝動におそわれたので，これはきっといたずら好きな精霊がわたしたちの

売り場」　10) **où**：場所をあらわす（ここでは bureau）関係代名詞　11) **Minos, Eaque, Rhadamante**：ギリシャ神話で，地獄の裁判官の名。（閻魔大王）　17) **légitime**「もっともである」　19) **victime**：(de の)「被害者」

LE MAUVAIS VITRIER

Démons malicieux se glissent en nous et nous font accomplir, à notre insu, leurs plus absurdes volontés.

Un matin je m'étais levé maussade, triste, fatigué d'oisiveté, et poussé, me semblait-il, à faire quelque chose de grand, une action d'éclat ; et j'ouvris la fenêtre, hélas !

(Observez, je vous prie, que l'esprit de mystification qui, chez quelques personnes, n'est pas le résultat d'un travail ou d'une combinaison, mais d'une inspiration fortuite, participe beaucoup, ne fût-ce que par l'ardeur du désir, de cette humeur, hystérique selon les médecins, satanique selon ceux qui pensent un peu mieux que les médecins, qui nous pousse sans résistance vers une foule d'actions dangereuses ou inconvenantes.)

La première personne que j'aperçus dans la rue, ce fut un vitrier dont le cri perçant, discordant,

---

1) **Démons**：「二重の部屋」注　参照　2) **à〜insu**「〜の知らないうちに」〜の部分には所有形容詞が変化して入る。à l'insu de（人）ともいう　2) **leur plus absrdes volontés**：所有形容詞があるときは，最上級をしめす（le, la）les は省略される　4) **je m'étais levé**：大過去，完了を示す　7) **j'ouvris**：ouvrir の単純過去。ここから本来のガラス屋の物語がはじま

なかに入りこんで，このうえなく常軌を逸した彼らの気まぐれを識らず知らずのうちに実行させるのだ，と考えても良いのではないかとさえ思う。

　さて，ある朝，起きたことはいいが，気分は最低で悲しいし，暇すぎることにも飽き飽きして，何かものすごいこと，はなばなしい手柄をたてたいという気分にかられていたようなのだ。そして窓を開けた。ああ，なんということだ！

　（ご注意いただきたいのだが，人に一杯くわせようという性癖は，ある人たちにとっては，なにも努力やたくらみの成果ではなく，むしろ偶然のインスピレーションの産物であり，その欲求が強烈であるという点だけからみても，ある種の気分によく似ている。つまり医者に言わせればヒステリー，医者よりも少しまともに物を考える人たちは悪魔のせいだというのだが，あの私たちをまったく無抵抗に，危険なあるいは不謹慎な多くの行動へとかりたてる，そんな気分によく似ているということだ。）

　下の通りに最初に見えた人物はガラス売りで，刺すように鋭い耳ざわりな呼び声が，パリのうっとうしい汚れ

る 8) **l'esprit de mystification**：esprit は精神の傾向をいう。cf. l'esprit de contradiction：反対好きの傾向＝あまのじゃく　11) **participer de〜**「〜の性質を持つ」　12) **ne fût-ce que〜**「たとえ〜にすぎないにせよ」（文章語）　19) **vitrier**：19世紀当時では，このような行商の職人，物売りが多く存在した

— 31 —

LE MAUVAIS VITRIER

monta jusqu'à moi à travers la lourde et sale atmosphère parisienne. Il me serait d'ailleurs impossible de dire pourquoi je fus pris à l'égard de ce pauvre homme d'une haine aussi soudaine que
5 despotique.

« —Hé ! hé ! » et je lui criai de monter. Cependant je réfléchissais, non sans quelque gaieté, que, la chambre étant au sixième étage et l'escalier fort étroit, l'homme devait éprouver quelque
10 peine à opérer son ascension et accrocher en maint endroit les angles de sa fragile marchandise.

Enfin il parut : j'examinai curieusement toutes ses vitres, et je lui dis : « Comment ? vous n'avez
15 pas de verres de couleur ? des verres roses, rouges, bleus, des vitres magiques, des vitres de paradis ? Impudent que vous êtes ! vous osez vous promener dans des quartiers pauvres, et vous n'avez pas

---

3) **à l'égard de**〜「〜に対して」 4) **aussi〜que**〜「〜であると同時に〜だ」 7) **non sans**〜 「〜ないというわけではない」 7) **quelque (gaieté)**：抽象名詞の前で,「いくらかの, 少しの」 8) **la chambre étant**〜：étant＝être：la chambre を主語とする分詞節, 理由を表す。次の l'escalier fort étroit も同様, l'escalier のあとに étant を補って考える。 8) **au sixième étage**：1 階は rez-de-chaussée というので, 日本式には「7

無能なガラス売り

た大気を通りぬけて，わたしのところまで昇ってきた。そもそも，なぜあのあわれな男にたいして，突如として横暴な憎しみを感じたのかを説明することは，とうてい不可能だろう。

「おうい，おうい！」彼に上がってくるよう叫んだ。待つ間に，部屋は七階にあるし階段はとても狭いから，あの男は骨折りながら上がってきて，もろい品物の角をあちこちにぶつけるに違いない，などと考えると，すこしは気が晴々してきた。

やっとガラス売りは現れた。わたしは好奇心にかられてガラス全部を吟味し，言った。「なんだ？　色ガラスはないのか？　バラ色や，赤や青いガラスは，まほうのガラスや天国のガラスはないのか？　なんてけしからん奴だ！　貧乏人の住む界隈を歩いておきながら，人生を美

階」 8) **l'escalier fort étroit**：商人のための勝手口（階段）＝ escalier de service とすれば，螺旋状で非常に狭い　10) **en maint endroit**「あちこちで」　14) **vitres, verres**：vitre は板ガラス，窓ガラス，verre はガラスという材質　17) **Impudent que ...**：que は形容詞をうける関係代名詞，この場合は，「なんと～」

LE MAUVAIS VITRIER

même de vitres qui fassent voir la vie en beau ! »
Et je le poussai vivement vers l'escalier, où il
trébucha en grognant.

Je m'approchai du balcon et je me saisis d'un
petit pot de fleurs, et quand l'homme reparut au
débouché de la porte, je laissai tomber perpen-
diculairement mon engin de guerre sur le rebord
postérieur de ses crochets ; et le choc le renversant, il acheva de briser sous son dos toute sa
pauvre fortune ambulatoire qui rendit le bruit
éclatant d'un palais de cristal crevé par la foudre.

Et, ivre de ma folie, je lui criai furieusement :
« La vie en beau ! la vie en beau ! »

Ces plaisanteries nerveuses ne sont pas sans
péril, et on peut souvent les payer cher. Mais
qu'importe l'éternité de la damnation à qui a
trouvé dans une seconde l'infini de la jouissance ?

---

1) **fassent** : faire の接続法現在。ここでは使役。人生を美しく見せるような（実際にあるかどうかわからない）ガラス　1) **voir〜en beau**「〜を美化する」　4) **m'approchai** : s'approcher de 〜（意図的に）「〜に近づく」　4) **me saisis** : se saisir de（物を）「つかみ取る」　8) **crochets** :（複数で）（古）「負いかご」　8) **le choc le renversant** : 絶対分詞節＝それ自体の主語（ここでは le choc）をもつ現在分詞節「その衝

無能なガラス売り

しくみせるガラスさえ持っていないのか！」そして階段にむかってつきとばしてやったので，よろけながらぶつぶつ言っていた。

　わたしはバルコニーに出てちいさな植木鉢をつかみ，ガラス売りが戸口から出て来るや，その得物を背負子の端めがけてまっ逆さまに落下させた。するとその衝撃で彼はひっくりかえり，乏しい行商の全財産を自分の背中で下敷きにして，こわしてしまったのだ。まるで雷で粉々に砕け散った水晶の宮殿のような，けたたましい響きを残して。

　そしてわたしは自らの狂気に酔い痴れて，ガラス売りにむかってものすごい勢いで叫んだ。「人生を美しく！人生を美しく！」

　こんな神経症めいた悪ふざけは危険がないとはいえない。しばしばその代償は大きい。けれども一瞬のなかに無限の歓びを味わった者なら，未来永劫地獄に落ちたって，かまわないではないか。

撃が彼を倒したので」　10) **pauvre (fortune)**：名詞の前で，「あわれな」cf. pauvre salaire 安月給　10) **ambulatoire**：「移動する，移動用の」　11) **palais de cristal**：話題となったロンドン万国博（1851年）の Cristal Palace（水晶宮）を皮肉ったものと言われる。15) **payer 〜**：（比喩的に）「〜の代償をはらう」　16) **qu'importe 〜**「〜はどうでもよい」　16) **à qui 〜**（＝à celui qui）「〜人にとって」

— 35 —

LES FOULES

Il n'est pas donné à chacun de prendre un bain de multitude ; jouir de la foule est un art ; et celui-là seul peut faire, aux dépens du genre humain, une ribote de vitalité, à qui une fée a insufflé dans son berceau le goût du travestissement et du masque, la haine du domicile et la passion du voyage.

Multitude, solitude : termes égaux et convertibles pour le poète actif et fécond. Qui ne sait pas peupler sa solitude, ne sait pas non plus être seul dans une foule affairée.

Le poète jouit de cet incomparable privilège, qu'il peut à sa guise être lui-même et autrui. Comme ces âmes errantes qui cherchent un corps, il entre, quand il veut, dans le personnage de

---

2) **Il n'est pas donné à~** : il は非人称，donner à＋人＋de＋不定詞「人に～する機会を与える」　2) **un bain de multitude** : 大都市のなかで，群集のなかを人々と触れ合うようにして歩いたりすること　3) **art**「技術」　4) **celui-là** : celui と同様，指示代名詞，関係節をともなって不特定の人を指す。文章語では，関係詞より先に主動詞を表現することがある。(～こそ)　4) **faire ribote**「過度に飲み食いする」(俗語)　5)

群　　集

　大勢の人波のなかに身を浸すのは誰にでもできることではない。群集をたのしむにはそれなりの技法がある。まだ揺りかごにいる赤ん坊のうちに，変装したり仮面をつけたりする趣味や，家にいるのが嫌いで旅が大好きという性癖を妖精に吹きこまれた者だけが，人類を犠牲にして生命力をいくらでも汲み尽くすことができるのだ。

　多数と孤独。活き活きとして，多くを産みだす詩人にとっては，この二つの言葉は同じ価値を持ち，一方を他方にさしかえることができる。みずからの孤独を満たすことのできない者は，せわしない群集の中で一人だけでいることもまたできはしない。

　詩人は思い通りにおのれであったり別人であったり出来るという，この比類ない特権に恵まれている。肉体を探し求める，あのさまよえる魂のように，好きな時にど

à qui：celui-là にかかる，前置詞をともなった関係代名詞　10) **qui**：先行詞なしに，「〜する人」　10) **sait ... peupler**：savoir＋不定詞＝「〜するすべを心得ている」　13) **privilège, qu'il peut ...**：que は privilège を説明する接続詞　14) **à sa guise**「自分の好きなように」（sa は人称によって変化）　14) **autrui**「他人」autre と同じだが主語としては用いられない　16) **personnage**（行動からみた）「人間」

LES FOULES

chacun. Pour lui seul, tout est vacant; et si de certaines places paraissent lui être fermées, c'est qu' à ses yeux elles ne valent pas la peine d'être visitées.

Le promeneur solitaire et pensif tire une singulière ivresse de cette universelle communion. Celui-là qui épouse facilement la foule connaît des jouissances fiévreuses, dont seront éternellement privés l'égoïste, fermé comme un coffre, et le paresseux, interné comme un mollusque. Il adopte comme siennes toutes les professions, toutes les joies et toutes les misères que la circonstance lui présente.

Ce que les hommes nomment amour est bien petit, bien restreint et bien faible, comparé à cette ineffable orgie, à cette sainte prostitution de l'âme qui se donne tout entière, poésie et charité, à l'imprévu qui se montre, à l'inconnu qui passe.

---

1) **de certaines places**「ある，いくらかの」de がつくのは文章語 2) **c'est qu'**=c'est que〜 「〜というのも」(理由をあらわす) 3) **à ses yeux**：見方，気持ち，判断を示す 3) **valoir la peine de**＋不定詞「〜する価値がある」 6) **communion**：(思想，感情の)「一致，一体性」 9) **privés (de)**〜 「〜を奪われた」 11) **siennes**「彼のもの」(toutes les professions, toutes les joies et toutes les misères を指す) sien の女性形

群　　集

んな人間のなかにでもすべりこむ。詩人にだけは，すべてが空いているのだ。そしてもしいくつかの場が閉ざされているように見えるとすれば，それはわざわざ入るには及ばないと見たからにすぎない。

　ひとり物思いにふけりながら散歩する者は，このような万人との交感からふしぎな陶酔感を得る。群集とやすやすと結婚する者は熱に浮かされたようなよろこびを覚えるが，まるで金庫のように戸を閉ざしたエゴイストや，軟体動物のように殻にとじこもった怠惰な者は，永遠にこの楽しみにあずかることはない。彼はその場その場で目の前に現れる職業という職業，喜びという喜び，あらゆる悲惨をみずからのものとする。

　人が愛と名づけるものは，ごくつまらなく，せせこましく，弱々しいものだ。思いがけない出来事や過ぎゆく未知なるものに，詩となり，慈愛となって，魂がそのすべてをささげ尽くすこの聖なる売春，このいいようのない大饗宴にくらべれば。

複数　14) **ce que～**：先行詞を ce とする目的格の関係代名詞「～こと，～もの」　15) **comparé à～**「～とくらべれば」　16) **sainte prostitution de l'âme**：精神の無制限な交流を肉体のそれと類推した表現と考えられるが，ボードレールは prostitution に特別な意味を与えている。「内面の日記」参照　17) **se donner à～**「～に身を捧げる」

LES FOULES

　Il est bon d'apprendre quelquefois aux heureux de ce monde, ne fût-ce que pour humilier un instant leur sot orgueil, qu'il est des bonheurs supérieurs au leur, plus vastes et plus raffinés. Les
5 fondateurs de colonies, les pasteurs de peuples, les prêtres missionnaires exilés au bout du monde, connaissent sans doute quelque chose de ces mystérieuses ivresses ; et, au sein de la vaste famille que leur génie s'est faite, ils doivent rire
10 quelquefois de ceux qui les plaignent pour leur fortune si agitée et pour leur vie si chaste.

---

1) **Il est bon de**〜 「〜するのは良いことだ」il は非人称　2) **ne fût-ce que**〜 「〜にすぎないとしても」　3) **qu'il est ...** : apprendre に続く。ここの il est は il y a に同じ　4) **supérieur à**〜「〜より優れた」　4) **au leur**＝à leur bonheur　6) **exilé(s)**＝

群　集

　この世のしあわせ者たちに，彼らのよりずっと高級で広く洗練された幸せがある，ということを教えてやるのは良いことかもしれない，たとえそれが，連中の愚かしい自尊心を，束の間辱めるだけにすぎないとしても。植民地の創設者や民族の牧者，地の果てに流れた宣教者たちは，おそらくこのふしぎな陶酔感について，何ほどかを知っているだろう。そしてみずからの才能で築き上げた，この果てしもない家族のただなかで，波乱万丈の運命と，純潔を守りとおした生涯を憐れむ人たちを，時には嘲笑っていることだろう。

---

retiré(s) très loin 6) **au bout du monde**「世界の果てに」 8) **au sein de**〜「〜のただ中で」 9) **se faire**「自分のために〜をつくる」cf. se faire des amis 友人をつくる 9) **rire de**「嘲笑する」

LES VEUVES

Vauvenargues dit que dans les jardins publics il est des allées hantées principalement par l'ambition déçue, par les inventeurs malheureux, par les gloires avortées, par les cœurs brisés, par toutes ces âmes tumultueuses et fermées, en qui grondent encore les derniers soupirs d'un orage, et qui reculent loin du regard insolent des joyeux et des oisifs. Ces retraites ombreuses sont les rendez-vous des éclopés de la vie.

C'est surtout vers ces lieux que le poète et le philosophe aiment diriger leurs avides conjectures. Il y a là une pâture certaine. Car s'il est une place qu'ils dédaignent de visiter, comme je l'insinuais tout à l'heure, c'est surtout la joie des riches. Cette turbulence dans le vide n'a rien qui les attire. Au contraire, ils se sentent irrésistible-

---

2) **Vauvenargues** (1715—1747): モラリスト，「省察と箴言」にこの内容が見られる。 3) **il est des allées**: il y a に同じ (文章語) 6) **âme**: (魂, 精神の持ち主としての)「人」(文章語) 6) **en qui ...** : 〜のなかでは。qui は前出の様々な ambition déçue の人々を受ける (... et qui へと続く) 9) **ces retraites**: ces は感情的な用法「あんな, あれほどの」。驚き,

寡婦たち

　ヴォーヴナルグによれば，公園には野心をくじかれた者たち，不運な発明家であるとか，名声をつかみ損ねた人，傷心の人々など，すべて波乱に満ちた人生をおくり，心を閉ざした人たちばかりが訪れる並木道があるという。心の中ではいまだに動揺がおさまらずに，陽気な連中や有閑階級の人々のぶしつけな視線から遠ざかっているのだ。そういった木陰の人目につかない場所は人生の不具者の溜り場だ。

　特にこういう場所に向けて，詩人や哲学者は好んで飽くことのない推測をめぐらす。そこには確かに精神の糧があるからだ。先ほども少しほのめかしたが，彼らが訪れることを潔しとしない場所があるとすれば，それはとりわけ富めるものの歓楽だ。あのような空騒ぎには彼らを引きつけるものは何もない。これとは逆にすべて弱い

憤慨, 賞賛などをあらわし, この詩では多用されている。 10) **rendez-vous**「落ち合う場所」　11) **c'est vers ... que**: 強調構文　13) **une pâture certaine**: certain が名詞のあとでは,「確実な」という意味 (前の場合は, ある種の)。pâture は精神の糧, 情熱の対象　13) **s'il est**＝s'il y a : この si は仮定でなく, たんなる条件で, 動詞は主節も直説法

LES VEUVES

ment entraînés vers tout ce qui est faible, ruiné, contristé, orphelin.

Un œil expérimenté ne s'y trompe jamais. Dans ces traits rigides ou abattus, dans ces yeux caves
5 et ternes, ou brillants des derniers éclairs de la lutte, dans ces rides profondes et nombreuses, dans ces démarches si lentes ou si saccadées, il déchiffre tout de suite les innombrables légendes de l'amour trompé, du dévouement méconnu, des
10 efforts non récompensés, de la faim et du froid humblement, silencieusement supportés.

Avez-vous quelquefois aperçu des veuves sur ces bancs solitaires, des veuves pauvres ? Qu'elles soient en deuil ou non, il est facile de les
15 reconnaître. D'ailleurs il y a toujours dans le deuil du pauvre quelque chose qui manque, une absence d'harmonie qui le rend plus navrant. Il est contraint de lésiner sur sa douleur. Le riche porte la sienne au grand complet.

20 Quelle est la veuve la plus triste et la plus

---

13) **Qu'elles soient ...** : que＋接続法 〜 ou non「〜であろうとなかろうと」。il est facile de＋不定詞「〜は簡単だ」また il は仮主語 (de les reconnaître を受ける)　18) **lésiner sur**「けちけちする」　19) **la sienne** : ＝la douleur　19) **au**

寡婦たち

もの，損なわれたもの，打ちひしがれたもの，親をなくしたものには，たまらなく心ひかれる。

　経験豊かな者なら決して見誤ることはない。あのようにこわばり，あるいはうちひしがれた表情，さらには落ち窪んで光のない眼，あるいは闘いの最後の稲妻がきらめく眼や，深く数多くきざまれた皺，あれほどゆっくりと，あるいはせかせかとした歩みを見れば，すぐにでも読み取るだろう，数え切れないほどの裏切られた愛の伝説や，人知れぬ献身や報われることのない努力，つつましく黙々と耐えてきた餓えや寒さの伝説を。

　あなたは時おり見かけたことがあるだろうか，ひとりきりでベンチに座る寡婦たち，それも貧しい寡婦たちを。喪に服していても，そうでなくとも，彼女たちを見分けるのはたやすい。そもそも貧乏人の喪服姿には，つねになにか足らないもの，調和に欠けるところがあり，それが一層悲痛な感じにしている。貧乏人は自分の悲しみをさえ出し惜しみしなければならないのだ。富める者はその喪全部をそろえて身を飾る。

　いったいどちらがより悲しげであわれを誘うだろう

(grand) complet：全部そろって　20) **quel(le)**：疑問代名詞 (de のなかで) 誰が，どちらが。quel の代わりに qui, lequel を用いることもできる。　20) **la plus**：2 つのものを比較する時は最上級。la は veuve に一致

LES VEUVES

attristante, celle qui traîne à sa main un bambin avec qui elle ne peut pas partager sa rêverie, ou celle qui est tout à fait seule? Je ne sais ... Il m'est arrivé une fois de suivre pendant de longues
5 heures une vieille affligée de cette espèce; celle-là roide, droite, sous un petit châle usé, portait dans tout son être une fierté de stoïcienne.

Elle était évidemment condamnée, par une absolue solitude, à des habitudes de vieux célibatai-
10 re, et le caractère masculin de ses mœurs ajoutait un piquant mystérieux à leur austérité. Je ne sais dans quel misérable café et de quelle façon elle déjeuna. Je la suivis au cabinet de lecture; et je l'épiai longtemps pendant qu'elle cherchait dans
15 les gazettes, avec des yeux actifs, jadis brûlés par

---

2) **avec qui**: partager avec un bambin 3) **je ne sais**: pas が省略されている(savoir, pouvoir などの動詞の後で。文章語) 3) **Il m'est arrivé ...**: ということがわたしに起こった。il は非人称で, de 以下を指す 5) **celle-là**=une vieille affligée 6) **roide**: 現代語では raide を用いる 7) **stoïcien(ne)**: ストア学派の哲学者，から，「禁欲的な道徳を守るひと」 8) **condamné(e) ... à** 〜「〜を余儀なくされた」 9) **vieux célibataire**「老いた独身者」(男性形) 11) **piquant**「面白い点, 妙味」(文章語) 13) **déjeuna**: déjeuner は，もともと何も飲み食いしない(jeuner)のを破ることを指し，従って一日の最初の食事をすること（朝食）の意味がこの時代では

か，思いを分かちあうこともできないような幼子の手を
ひいている寡婦と，全くひとりぼっちの寡婦とでは？
わたしにはわからない…。ある時，そんな悲しみに打ち
ひしがれた老女のあとを何時間もつけていったことがあ
った。その女は，肩肘はって背筋をのばし，ちいさなす
り切れたショールをはおっていたが，毅然とした誇りが
全身に備わっていた。

　誰も身寄りがないため，彼女が老いたひとりものの生
活習慣を守るほかはないのは明らかだった。立ち居振舞
いが男性的なせいで，そのいかめしい暮らしぶりもふし
ぎな魅力が感じられた。いったいどんなみすぼらしいカ
フェでどんな風に食事を済ませたのか，それはわたしの
知るところではない。だがあとをつけて図書室まで行き，
長いこと窺った，その昔涙に暮れた眼をあちこちに向け
て，新聞のなかに個人的な興味を強く引かれるニュース

のこっているが，déjeuner à tasse（コーヒーなど飲み物）
déjeuner à fourchette（肉とワイン）の別があり，ここでは
食事をする，とした　13) **cabinet de lecture**：新聞や本を有
料で読むことのできる公共施設。また「貸本屋」。19世紀後
半は新聞の定期購読も個人で可能ではあったが，現在のよう
に安価ではなかった。「読書の首都パリ」（宮下志郎著）によれ
ば，客はもっぱら男性で，女性は家に借りて帰った（あるい
は借りてこさせた）という。「男のような」という記述にあて
はまる。　15) **gazettes**：17世紀にリシュリューの庇護の下
に創刊されたフランス最初の新聞の名称で，今日に至るまで
いくつかの定期刊行物のタイトルにその名を残す

LES VEUVES

les larmes, des nouvelles d'un intérêt puissant et personnel.

Enfin, dans l'après-midi, sous un ciel d'automne charmant, un de ces ciels d'où descendent en foule les regrets et les souvenirs, elle s'assit à l'écart dans un jardin, pour entendre, loin de la foule, un de ces concerts dont la musique des régiments gratifie le peuple parisien.

C'était sans doute là la petite débauche de cette vieille innocente (ou de cette vieille purifiée), la consolation bien gagnée d'une de ces lourdes journées sans ami, sans causerie, sans joie, sans confident, que Dieu laissait tomber sur elle, depuis bien des ans peut-être ! trois cent soixante-cinq fois par an.

Une autre encore :

Je ne puis jamais m'empêcher de jeter un regard, sinon universellement sympathique, au moins curieux, sur la foule de parias qui se pres-

---

4) **un de ces ...**：「ああいう … のうちのひとつ」　4) **d'où**「〜から」（ciels にかかる）　5) **à l'écart**「離れて」　8) **gratifier**：（恩恵を）「与える」　9) **c'était ... là**：（事柄, 状況などを指して）「そこ, この点」　11) **bien gagnée**：bien gagner「〜を正当に獲得する」　14) **bien des ans**「多くの」

寡婦たち

を探し求める様子を。

　そしてとうとう，午後，心地よい秋空の下，後悔の念や思い出がどっと群れをなして降ってくるようなあの空の下，彼女はとある公園で，軍楽隊がパリの民衆に無料で聞かせるコンサートを聞こうと，人ごみから遠く離れてぽつんとひとり腰をおろした。

　おそらくそれこそがこの無垢な老女の（あるいはこの清められた老女の）ささやかな贅沢だったのだろう。神がきっともう何年も前から，一年に三百六十五回，彼女に下し給う日々，友も，おしゃべりも，喜びも，打ち明け話の相手すらいない重苦しい日々に，当然の報いとして得られた，唯一の慰めでもあったのだろう。

　またもう一人の女をみかけた。

　野外音楽会の囲いに詰めかける賤民の群れには，誰彼にわけへだてなく共感を抱かないまでも，少なくとも好奇心の眼を向けずにはいられない。管弦楽は夜の闇を貫

（年月）bien のあとは冠詞によって変化する（du, de la, des）
17) **ne (pas) pouvoir s'empêcher de**＋不定詞　「～せずにはいられない」　18) **sinon**　「～ではないにしても」（ときに au moins をともなう）

— 49 —

LES VEUVES

sent autour de l'enceinte d'un concert public. L'orchestre jette à travers la nuit des chants de fête, de triomphe ou de volupté. Les robes traînent en miroitant ; les regards se croisent ; les
5 oisifs, fatigués de n'avoir rien fait, se dandinent, feignant de déguster indolemment la musique. Ici rien que de riche, d'heureux ; rien qui ne respire et n'inspire l'insouciance et le plaisir de se laisser vivre ; rien, excepté l'aspect de cette tourbe qui
10 s'appuie là-bas sur la barrière extérieure, attrapant gratis, au gré du vent, un lambeau de musique, et regardant l'étincelante fournaise intérieure.

C'est toujours chose intéressante que ce reflet de
15 la joie du riche au fond de l'œil du pauvre. Mais ce jour-là, à travers ce peuple vêtu de blouses et d'indienne, j'aperçus un être dont la noblesse faisait un éclatant contraste avec toute la trivialité environnante.
20 C'était une femme grande, majestueuse, et si

---

1) **concert public** : 文字通りには「公共音楽会」当時は concert privé (一般に公開されない, 私的なもの) もおこなわれた。 2) **à travers** 〜「〜を通して, 〜を貫いて」 7) **rien que de riche ...** : ne ... rien de + 形容詞「〜なものは何も〜ない」ここでは que があるので, 「〜以外は何もない」となる 7)

寡婦たち

いて祝祭の歌や，凱旋の歌，悦楽の歌を響かせている。女たちのドレスはきらめきながら裾を引き，目と目が見交わされる。暇人たちは無為に過ごしたことに疲れ果て，物憂げに音楽を味わう風を装って，ぎこちなく体を左右に揺っている。ここには富めるもの，幸せなもののほかはなにもない。屈託のなさや，気ままに生きるよろこびをわれにもひとにも感じさせないものは，なにひとつとしてない。なにひとつ，ただ，向こうの外柵にもたれ，風のまにまに切れ切れの音楽をただ聴きし，内部の燃えさかる坩堝(るつぼ)を眺めている，賤民どものありさまをのぞいては。

　貧乏人の目の奥底に映る，富める者の楽しむ姿とは，いつ見ても興味あるものだ。だがその夜，わたしは見たのだ，仕事着や更紗を着た民衆のなかに，その気高さゆえにまわりの俗悪さとは際立った対照をなしている，一人のひとを。

　それはすらりとして威厳に満ちたひとで，物腰すべて

---

respire et inspire …：各々，「感情などを発散する，起こさせる」の意　8) **se laisser**＋不定詞「〜するにまかせる」　10) **s'appuyer sur**〜「〜にもたれる」　11) **au gré de**〜「〜にまかせて」

— 51 —

LES VEUVES

noble dans tout son air, que je n'ai pas souvenir d'avoir vu sa pareille dans les collections des aristocratiques beautés du passé. Un parfum de hautaine vertu émanait de toute sa personne. Son visage, triste et amaigri, était en parfaite accordance avec le grand deuil dont elle était revêtue. Elle aussi, comme la plèbe à laquelle elle s'était mêlée et qu'elle ne voyait pas, elle regardait le monde lumineux avec un œil profond, et elle écoutait en hochant doucement la tête.

Singulière vision ! « À coup sûr, me dis-je, cette pauvreté-là, si pauvreté il y a, ne doit pas admettre l'économie sordide ; un si noble visage m'en répond. Pourquoi donc reste-t-elle volontairement dans un milieu où elle fait une tache si éclatante ? »

Mais en passant curieusement auprès d'elle, je crus en deviner la raison. La grande veuve tenait

---

2) **sa pareille**　(son pareil の女性形)「おなじような人」　3) **parfum**「雰囲気，印象」　5) **accordance**：辞書にはない言葉，ふつうは accord を用いる　6) **grand deuil**：(近親者の) 死の直後から一定期間まもられる厳密な服喪　7) **à laquelle elle s'était mêlée**：se mêler à による，laquelle＝plèbe　11) **à coup sûr**「間違いなく」　11) **cette (pauvreté)-là**：ce (cette/

寡婦たち

が気高く,古の高貴な美女たちを集めた画集のなかにも,これほどの女性を見た覚えはないように思われた。全身に誇り高い貞淑さがあふれでていた。顔は悲しげにやせ細り,身にまとった喪の正装と完全な調和を見せていた。そのひともまた,自分もそのなかに紛れてはいるが眼中にはない下層民と同じように,まばゆい世界を奥深いまなざしでながめ,ゆっくりと頭をゆすりながら聴き入っていた。

奇妙な光景だ! 「たしかに」とわたしは思った。「あのひとのような貧しさは,それも貧しいとすればの話だが,あさましい倹約などとは相容れないはずだ。あれほど気品ある顔がそれを物語っている。それなら,どうして周りの人たちからはひときわ目立つあの場に,すすんで居続けるのだろうか?」

しかし,ふしぎに思ってそのひとのそばを通り過ぎようとした時,そのわけがわかったような気がした。背の

---

ces)＋名詞＋là「その,あの～」寡婦の貧しさと他の人々の貧しさを対比している　12) **si (pauvreté) il y a**：si＋無冠詞名詞＋il y a「～があれば」　14) **en répond**：répondre de「保証となる」　14) **volontairement**「自らの意志で」　15) **faire une tache ...** : faire tache「調和をそこなう,不釣り合いである」

LES VEUVES

par la main un enfant comme elle vêtu de noir ; si modique que fût le prix d'entrée, ce prix suffisait peut-être pour payer un des besoins du petit être, mieux encore, une superfluité, un jouet.

5　Et elle sera rentrée à pied, méditant et rêvant, seule, toujours seule ; car l'enfant est turbulent, égoïste, sans douceur et sans patience ; et il ne peut même pas, comme le pur animal, comme le chien et le chat, servir de confident aux douleurs
10 solitaires.

---

1) **si modique que fût** : si … que「どんなに〜でも」que 以下は接続法をとる（ここでは文全体が過去形なので，接続法半過去になっている。現代の日常語では現在形で代用）　4) **mieux encore** :（節の初めで）「それどころか，それ以上に」 5) **elle sera rentrée** : 前未来，推測をあらわす　8) **comme le pur animal** : pur は（名詞のまえで）「純然たる，まったくの」。comme が否定語の後に用いられた場合，以下は肯定，つまり「犬や猫にはできるが子供にはできない」の意が普通

高いその寡婦は，おなじように黒い服を着た一人の子供の手を引いていたのだ。入場料がごくわずかでも，それだけあればおそらく幼いものの必要とする品，いやそれどころかなくても済むもの，おもちゃなどを買えたのだろう。

そしてあのひとは帰っただろう，歩いて，物思いにふけり，夢見勝ちに，ただひとり，どこまでもひとりぼっちで。というのも子供とは駄々をこねて自分勝手で，やさしさもなければ辛抱もできない。犬や猫のようなただの動物にはできる孤独の苦しみの密かな聞き手にさえなりはしないのだから。

---

9) **servir de**＋無冠詞名詞（＋à）「～として役立つ，～の役目をはたす」

補注：老女も含まれるとはいえ，女性たちのあとをつけるボードレールの行動はストーカー紛いであるが，最後の女性に関してはその気品や美しさも強調しており，晩年の詩人の一種の愛の歌とも取れるであろう。「悪の華」のなかの「通り過ぎる女に」参照

LE VIEUX SALTIMBANQUE

Partout s'étalait, se répandait, s'ébaudissait le peuple en vacances. C'était une de ces solennités sur lesquelles, pendant un long temps, comptent les saltimbanques, les faiseurs de tours, les montreurs d'animaux et les boutiquiers ambulants, pour compenser les mauvais temps de l'année.

En ces jours-là il me semble que le peuple oublie tout, la douleur et le travail ; il devient pareil aux enfants. Pour les petits c'est un jour de congé, c'est l'horreur de l'école renvoyée à vingt-quatre heures. Pour les grands c'est un armistice conclu avec les puissances malfaisantes de la vie, un répit dans la contention et la lutte universelles.

L'homme du monde lui-même et l'homme occupé de travaux spirituels échappent difficilement

---

1) **saltimbanque** イタリア語を語源とし，椅子の上で飛び跳ねる人，の意「軽業師」 2) **s'étaler**「自分をひけらかす」 3) **solennités** 祝祭のことで，「毎年の」の意味がある 4) **sur lesquelles** : compter sur（あてにする）の前置詞が前に出て

老いた道化

　どこもかしこも，休暇の庶民たちが繰り出して，広がり，浮かれていた。一年の悪い時期を埋め合わせようと，道化師や曲芸師，猛獣使い，露天商人たちが長いこと当てにしていた，祝祭の季節がやってきたのだ。

　こんな日々には，人々は一切を，苦しみや労働さえも忘れるものらしい。彼らは子供にかえる。幼いものたちにとっては休みの日，まるまる一日，いやな学校が先延ばしだ。大人たちにとっては，人生の悪しき力と取り結んだ一時休戦の日で，あらゆる緊張と闘いの合間の一服だ。

　社交界の人士や，精神的な営みにたずさわる人でさえ，この民衆の祝祭の感化からは，まず逃れられない。彼ら

いる。先行詞は solennités　10) **pareil à**：〜と似ている　12) **renvoyer ... à**〜「…を〜まで延期する」　14) **puissances**：この世の様々な権力や超自然の力 cf. 〜 temporelle 世俗権力，〜 occultes 霊力

— 57 —

LE VIEUX SALTIMBANQUE

à l'influence de ce jubilé populaire. Ils absorbent, sans le vouloir, leur part de cette atmosphère d'insouciance. Pour moi, je ne manque jamais, en vrai Parisien, de passer la revue de toutes les
5 baraques qui se pavanent à ces époques solennelles.

Elles se faisaient, en vérité, une concurrence formidable : elles piaillaient, beuglaient, hurlaient. C'était un mélange de cris, de détonations
10 de cuivre et d'explosions de fusées. Les queues-rouges et les Jocrisses convulsaient les traits de leurs visages basanés, racornis par le vent, la pluie et le soleil ; ils lançaient, avec l'aplomb des comédiens sûrs de leurs effets, des bons mots et
15 des plaisanteries d'un comique solide et lourd comme celui de Molière. Les Hercules, fiers de l'énormité de leurs membres, sans front et sans crâne, comme les orangs-outangs, se prélassaient

---

1) **jubilé**：もともとユダヤ教の50年祭やカトリックの「大祭」をいう。ここではそのような解放と許しの雰囲気をもつ庶民の (populaire) 祭 2) **sans le vouloir**「望まないのに，うっかりと」le は節 (Ils absorbent) を受ける中性代名詞 2) **leur part**「～の分，分け前」ただし，実際に分けるという行為がなくとも言う。Chacun sur terre a sa part de peines et de joies.　人にはそれぞれの喜びと苦しみがある。　5) **se pavanent**「気取って歩く」など一般的には人にしか用いない

も，うかうかと，屈託のない雰囲気をそれぞれに吸い込んでしまう。わたしはといえば，生っ粋のパリジャンとして，祝祭の時期に趣向をこらした屋台をひとつひとつ見てまわるのを，決して欠かしたことはない。

　実際，様々な露店はすばらしく競い合っていた。きゃあきゃあ泣き叫び，怒鳴り，わめき散らしていた。叫び声と，金管楽器のとどろきと，花火の炸裂音とが，ごちゃまぜになっていた。束ねた髪に赤い布をつけた道化役者や，まぬけな下男役たちは，風雨と陽の光でひからびた赤銅色の顔をひきつらせていた。演技には自信があるとばかりに落ち着きはらい，モリエールばりのしっかりと，だが重苦しいユーモアに満ちたしゃれや冗談を飛ばしていた。力自慢の曲芸師たちは手足の巨大さも誇らしげに，まるでオラン・ウータンのように額も頭蓋もない

表現　7) **se faisaient ... une concurrence**: faire concurrence à「～と張り合う」se faire～で「互いに競い合う」　10) **queue-rouge**: 鬘の先を赤いリボンで結んでいるのでこの名がついた「道化」　11) **Jocrisse**: (古)不器用で愚かな召し使いの役，またそうした人物　16) **Molière**: (1622-1673) フランスの古典喜劇の完成者。　16) **les Hercules**:「(ヘラクレスのような) 力持ち」→ p89, 12)。(普通名詞化した hercule も用いられる)

LE VIEUX SALTIMBANQUE

majestueusement sous les maillots lavés la veille pour la circonstance. Les danseuses, belles comme des fées ou des princesses, sautaient et cabriolaient sous le feu des lanternes qui remplis-
5 saient leurs jupes d'étincelles.

Tout n'était que lumière, poussière, cris, joie, tumulte ; les uns dépensaient, les autres gagnaient, les uns et les autres également joyeux. Les enfants se suspendaient aux jupons de leurs
10 mères pour obtenir quelque bâton de sucre, ou montaient sur les épaules de leurs pères pour mieux voir un escamoteur éblouissant comme un dieu. Et partout circulait, dominant tous les parfums, une odeur de friture qui était comme
15 l'encens de cette fête.

Au bout, à l'extrême bout de la rangée de baraques, comme si, honteux, il s'était exilé lui-même de toutes ces splendeurs, je vis un pauvre

---

1) **la veille**「前日」 2) **pour la circonstance**「その場合にふさわしく」 6) **lumière, poussière …**：無冠詞なのは，列挙のため 7) **les uns, … les autres**：多数のものを2つのグループに分けて対比させている 12) **comme un dieu**「神のごとく，このうえなく」 13) **partout circulait … une odeur de friture**： 場所の副詞 partout の後の主語名詞 odeur が動詞

老いた道化

小さな頭で，この日のために洗いたてのタイツを身につけ，王者のごとくもったいぶった様子だ。踊り子たちは妖精か王女様とも見紛うほど美しく，ランプの火の下でとび跳ね回って，スカートに火の粉を散らしていた。

どれもこれも，光と，埃と，叫び声と，喜びと，喧騒だった。散財するものもあれば，金を儲けるものもあり，誰も彼も同じように楽しげだった。幼子たちは砂糖菓子をねだって母親のペチコートにすがったり，神のように輝かしい手品師をもっとよく見ようと，父親に肩車をしてもらったりしていた。そしてどこにもかしこにも，あらゆる香りを凌駕して，この祭の香のような，揚げ物の匂いが満ち満ちていた。

ところが，突き当たり，小屋の並びのいちばん奥に，わたしは見たのだ，このあらゆる輝きから，まるで恥じて遠ざかるかのように，腰は曲がり，老いさらばえてよ

---

circulait と倒置されている　15) **encens**「香（こう）」，宗教的儀式でもちいる　17) **comme si ... s'était exilé**: → p28, 8)。ここでは主節より以前のことなので大過去　18) **je vis**: voir の単純過去。ここまで祭の状況（半過去）や一般的な考察（現在形）が述べられていたのに対して，ここで起こった事柄を示している。後の je sentis, me sembla なども同じ

LE VIEUX SALTIMBANQUE

saltimbanque, voûté, caduc, décrépit, une ruine d'homme, adossé contre un des poteaux de sa cahute ; une cahute plus misérable que celle du sauvage le plus abruti, et dont deux bouts de
5 chandelles, coulants et fumants, éclairaient trop bien encore la détresse.

Partout la joie, le gain, la débauche ; partout la certitude du pain pour les lendemains ; partout l'explosion frénétique de la vitalité. Ici la misère
10 absolue, la misère affublée, pour comble d'horreur, de haillons comiques, où la nécessité, bien plus que l'art, avait introduit le contraste. Il ne riait pas, le misérable ! Il ne pleurait pas, il ne dansait pas, il ne gesticulait pas, il ne criait pas ;
15 il ne chantait aucune chanson, ni gaie ni lamentable, il n'implorait pas. Il était muet et immobile. Il avait renoncé, il avait abdiqué. Sa destinée était faite.

Mais quel regard profond, inoubliable, il
20 promenait sur la foule et les lumières, dont le flot mouvant s'arrêtait à quelques pas de sa répulsive

---

1) **une ruine d'homme** : ruine は悲しみや年令のため「うらぶれた人」 4) **dont** : deux bouts de chandelles de (la) cahute
8) **les lendemains** : 定冠詞をつけて「翌日」、ここでは複数に

老いた道化

ぽよぽよで,人間の廃虚とでもいうべきあわれな道化が,あばら屋の柱にもたれかかっているのを。それはどんな愚鈍な野蛮人の小屋よりもお粗末で,二本のちびたろうそくが流れ出てくすぶり,あからさまに困窮を照らし出していた。

どこもかしこも,陽気さと,金儲けと,浪費ばかりだった。どこもかしこも,明日の糧は保証されていた。どこもかしこも,生命力が熱狂的に沸き立っていた。ところがここには極度の貧困,もっと恐ろしいことには,妙ちきりんなぼろを身にまとった貧困があった。それは芸のためというよりは,むしろ必要に迫られて生まれたコントラストだった。道化は笑ってはいなかった,かわいそうに! 泣いてもいなければ踊ってもいなかった,身振りをまじえることもなければ,叫んでもいなかった。楽しくも悲しくもどんな歌もうたわず,哀願するでもなかった。ただ押し黙ってじっと動かなかった。もはや諦め,投げ出していた。彼の運命は決っていたのだった。

しかしなんと深く忘れようのないまなざしで,彼は人々の群れと光を眺めていたことだろう。引いては押し寄せるその波は,ぞっとするような貧困のわずか数歩手

なっており,「将来」の意 10) **pour comble de …** 「さらに…なことには」 11) **où** : la misère を受ける 21) **répulsif(ve)** 「(文章語で) 嫌悪の念を引き起こす」

LE VIEUX SALTIMBANQUE

misère! Je sentis ma gorge serrée par la main terrible de l'hystérie, et il me sembla que mes regards étaient offusqués par ces larmes rebelles qui ne veulent pas tomber.

Que faire? À quoi bon demander à l'infortuné quelle curiosité, quelle merveille il avait à montrer dans ces ténèbres puantes, derrière son rideau dechiqueté? En vérité, je n'osais; et, dût la raison de ma timidité vous faire rire, j'avouerai que je craignais de l'humilier. Enfin, je venais de me résoudre à déposer en passant quelque argent sur une de ses planches, espérant qu'il devinerait mon intention, quand un grand reflux de peuple, causé par je ne sais quel trouble, m'entraîna loin de lui.

Et, m'en retournant, obsédé par cette vision, je cherchai à analyser ma soudaine douleur, et je me dis: Je viens de voir l'image du vieil homme de lettres qui a survécu à la génération dont il fut le

---

2) **hystérie**: ヒステリーとは心理的な原因で, 体に痙攣, 麻痺などの症状があらわれることを指すが, ほかにも「ボヴァリー夫人論」で症状などについてのべている　5) **à quoi bon**: ＋不定詞（名詞）「～は何になるのか」　6) **avoir ～ à**＋不定詞「…する（すべき）～がある」　8) **dût**: ＝devoir。譲歩「たとえ～でも」をあらわす接続法半過去の用法, 常に主

老いた道化

前で途切れてしまうのだった！　わたしは恐ろしいヒステリーの手で喉を絞めつけられ，逆らい流れ落ちようとしない涙で，視界を遮られたように感じた。

　どうすればよいのか。この不運な男にむかって，この悪臭を放つ暗闇のなかで，ずたずたに裂けた幕のむこうで，どんな面白いものを，どんなすばらしいものを見せてくれるのかと尋ねたところで，いったい何になっただろう？　実のところ，そうはしかねた。笑われるかも知れないが，なぜためらったのかその訳を白状すれば，彼を辱めるのを恐れたからだ。そして我が意を察してくれるようにと願いつつ，通りすがりに床板の上にいくばくかの金銭を置いていこうと決めたその時，なんの混乱のせいで起きたのか，大きな人波がわたしを遠くへと連れ去ってしまった。

　そしてこの幻影にとりつかれての帰り道，突然わきあがる苦しみを分析しようとし，こう思ったのだ。たった今，おのれがはなばなしく楽しませた世代を超えて生き延びてしまった，老いた文学者のイメージを見たのだと。

語は倒置される　10) **je venais de**：近い過去の半過去形（近い過去の過去形はこの形となる）　11) **en passant**「通りがかりに」　14) **je ne sais quel**「なんだかわからないが」〈je ne sais＋疑問詞 (où, quand …) など〉=「(どこ，いつ…)だかわからない (場所，時…)」　16) **s'en retourner**「帰る」

LE VIEUX SALTIMBANQUE

brillant amuseur ; du vieux poète sans amis, sans famille, sans enfants, dégradé par sa misère et par l'ingratitude publique, et dans la baraque de qui le monde oublieux ne veut plus entrer !

---

1) **du vieux poète** : l'image に続く 3) **de qui** : qui は le vieux

老いた道化

友も家族も子供もなく，貧困と公衆の忘恩のために朽ち果て，そのあばら家に恩知らずな連中は，もう入ろうともしない，年老いた詩人のイメージを。

---

poète を指す 3) **le monde**：人々

LE JOUJOU DU PAUVRE

Je veux donner l'idée d'un divertissement innocent. Il y a si peu d'amusements qui ne soient pas coupables !

5 Quand vous sortirez le matin avec l'intention décidée de flâner sur les grandes routes, remplissez vos poches de petites inventions à un sol, — telles que le polichinelle plat mû par un seul fil, les forgerons qui battent l'enclume, le cavalier et son
10 cheval dont la queue est un sifflet, — et le long des cabarets, au pied des arbres, faites-en hommage aux enfants inconnus et pauvres que vous rencontrerez. Vous verrez leurs yeux s'agrandir démesurément. D'abord ils n'oseront pas prendre ;
15 ils douteront de leur bonheur. Puis leurs

---

3) **ne soient pas** : peu de〜の後にくる関係詞節では接続法をとることもある　6) **grandes routes** : route は村と村，町と町を結ぶ道路をさすので，そのなかでも大きな道路，したがって場面は都市＝パリを出ることになり，次の cabaret も居酒屋と同時に宿屋をかねた場所と考えられる　7) **petites inventions** : invention は，ここでは「工夫」くらいの意　7) **à un sol**「1スーほどの」sol は sou の古形で5サンチームにあたる昔の貨幣単位。1サンチームは1フランの100分の1　8) **telles que** : tel の女性複数形「〜のような」。inventions

— 68 —

貧乏人のおもちゃ

　無邪気な気晴らしのアイデアを教えよう。罪のない楽しみは本当に少ないものだ！

　朝，街道まで足を伸ばそうと腹をきめて町を出るのなら，安物の，ちょっとした思いつきの品々でポケットをいっぱいにしていくがいい。一本の糸だけで動かせる平べったいポリシネルや，向き合ってかなとこを打つかじ屋，尾が笛になった馬にまたがる騎手などだ。そして町外れの居酒屋の並ぶあたりや並木道で，貧しく見知らぬ子供たちに出会ったら，そんなものをプレゼントしてあげなさい。すると彼らの目はみるみるとてつもなく大きくなるだろう。はじめは思い切って手を出そうともしないだろうが，それは自分たちの幸運が信じられないから

を受ける　8) **polichinelle**：イタリアの喜劇，コメディア・デラルテの登場人物，満艦飾の服を着ている。フランスの子供には今でもおなじみ　8) **mû**：mouvoir の過去分詞。形容詞的用法（「動かされる」）　11) **faites-en hommage aux enfants …**：en＝de petites inventions。hommage はここでは「贈呈品」（古風）を指し〈faire hommage d'un livre à＋人〉のように使われる　13) **vous verrez**：voir〜＋不定詞：（〜が）のを見る

LE JOUJOU DU PAUVRE

mains agripperont vivement le cadeau, et ils s'enfuiront comme font les chats qui vont manger loin de vous le morceau que vous leur avez donné, ayant appris à se défier de l'homme.

Sur une route, derrière la grille d'un vaste jardin, au bout duquel apparaissait la blancheur d'un joli château frappé par le soleil, se tenait un enfant beau et frais, habillé de ces vêtements de campagne si pleins de coquetterie.

Le luxe, l'insouciance et le spectacle habituel de la richesse, rendent ces enfants-là si jolis, qu'on les croirait faits d'une autre pâte que les enfants de la médiocrité ou de la pauvreté.

A côté de lui, gisait sur l'herbe un joujou splendide, aussi frais que son maître, verni, doré, vêtu d'une robe pourpre, et couvert de plumets et de verroteries. Mais l'enfant ne s'occupait pas de

---

2) **comme font les chats**：主述の倒置(les chats qui … とつながるように)また font は既出の動詞，s'enfuiront にかわる代動詞の faire（そうする） 2) **vont manger**「〜しに行く」 4) **ayant appris**：「学んだので」現在分詞の複合形（avoir または être の現在分詞＋過去分詞）主動詞の表わす時から見てすでに行われた動作を表わす 4) **se défier de**〜「〜を警戒する」 6) **au bout duquel**：duquel＝de＋lequel（au bout du jardin） 7) **se tenir**「その場にいる」 8) **ces vêtements de campagne**：ces は感情的用法「あんな，あれほどの」 10) **Le**

貧乏人のおもちゃ

だ。そしてすばやく手を伸ばして贈り物をしっかりつかみ，一目散に逃げていくことだろう，人間を警戒することを覚えたので，人の与えた食べ物をとおくに持っていって食べる猫のように。

街道沿いに広々とした庭を鉄柵がとりかこみ，奥には美しい城館が陽の光に白く照りはえていた。柵の向こう側には，美しくはつらつとしたひとりの少年が，とてもしゃれた遊び着を着て立っていた。

何の気がかりもなく贅沢に暮らし，また豊かさを日々見慣れているため，こういう子供たちはずいぶんかわいらしく育っており，世間一般の子供や貧しい子供たちとは，まるで別の練り粉でできているかとさえ思われた。

少年のかたわらの草のうえに，すばらしいおもちゃがころがっていた。ご主人様と同じくらいはつらつとして，ニスを塗られ，金泥で輝き，緋色の服を着て，羽根と色ガラスで飾り立てられていた。しかしその子は自分のお

---

luxe ... : la richesse までが主語, rendent が動詞, rendre＝「～にする」 10) **spectacle**「光景」 11) **si～que**「とても～なので～である」主節が肯定のとき que 以下は直説法または条件法，ここでは条件法。 11) **on les croirait faits**: les＝ces enfants-là「～が～で出来ていると思うだろう」 14) **gisait**: 原型は gésir 文章語で限られた活用のみ用いられる。ここでは半過去 17) **ne s'occupait ... de**: s'occuper de ～「～に関心を抱く」

LE JOUJOU DU PAUVRE

son joujou préféré, et voici ce qu'il regardait :

De l'autre côté de la grille, sur la route, entre les chardons et les orties, il y avait un autre enfant, sale, chétif, fuligineux, un de ces marmots-parias
5 dont un œil impartial découvrirait la beauté, si, comme l'œil du connaisseur devine une peinture idéale sous un vernis de carrossier, il le nettoyait de la répugnante patine de la misère.

A travers ces barreaux symboliques séparant
10 deux mondes, la grande route et le château, l'enfant pauvre montrait à l'enfant riche son propre joujou, que celui-ci examinait avidement comme un objet rare et inconnu. Or, ce joujou, que le petit souillon agaçait, agitait et secouait
15 dans une boîte grillée, c'était un rat vivant ! Les parents, par économie sans doute, avaient tiré le joujou de la vie elle-même.

---

1) **voici** : 次に示されるものを導入する。cf. voilà は先に提示したものをまとめる 2) **de l'autre côté de** 〜「〜の反対側に」 4) **fuligineux**「煤けた」 4) **marmots-parias** : marmots は男の子, 子ども, paria は（インドの）最下層民 5) **dont** : la beauté d'un de ces marmots-parias 5) **œil**「視線, まなざし」(=regard) 5) **découvrirait ... si ...** : si, ... il le nettoyait の条件文に, comme ... carrossier の文が挿入され

貧乏人のおもちゃ

気にいりのおもちゃはほったらかしにして，こんな光景に見入っていた。

　柵の反対側，街道のアザミとイラクサのなかに，不潔で，ひ弱な，煤まみれのもう一人の少年がいた。憎むべき極貧の垢を洗い落とした公平な目で見ることができたなら，その美しさに気づくような最下層民の子供だった。ちょうどそれは，玄人の目が，馬車職人の塗る厚いニスをも透かして，理想の絵画の存在を見破るのと同じことだ。

　街道と館という，この二つの世界を隔てる象徴的な鉄格子のあいだから，貧しい子供は金持ちの子供に，自分のおもちゃを見せていた。その子はまるで見たこともないめずらしいものでも見るように，むさぼるように眺めていた。ところでそのおもちゃ，汚ならしい子供が籠に入れて，せめたり，振りまわしたり，揺すっていたのは，なんと生きたネズミだったのだ！　両親がきっと倹約のために生活そのものから，このおもちゃを工面してきたのだろう。

ている。7) **vernis de carrossier**：古典的な絵画では，完成した絵には仕上げにニスを塗った。ここではそのようなニスではなく，「馬車職人のニス」と垢を呼んだのであろう。12) **celui-ci**：前出の二つの名詞の後のほうをさす，後者。ここでは l'enfant riche　14) **souillon**「不潔な人」　16) **tiré**：tirer (de から)「手に入れる」

LE JOUJOU DU PAUVRE

Et les deux enfants se riaient l'un à l'autre fraternellement, avec des dents d'une *égale* blancheur.

---

1) **se riaient l'un à l'autre** : se rire の相互的用法で, l'un(e)＋(前置詞)＋l'autre「互いに」は相互性の強調。再帰代名詞がここでは間接目的語なので動詞が求める前置詞(à)が入る 2)

貧乏人のおもちゃ

そして二人の少年は，兄弟愛にあふれた笑いをかわしていた。平等な白さの歯をむきだしにして。

égale:「同じ，平等の」，名詞は égalité(フランスのモットーである「自由，平等，博愛」の平等を暗示)

LE CRÉPUSCULE DU SOIR

Le jour tombe. Un grand apaisement se fait dans les pauvres esprits fatigués du labeur de la journée ; et leurs pensées prennent maintenant les couleurs tendres et indécises du crépuscule.

Cependant du haut de la montagne arrive à mon balcon, à travers les nues transparentes du soir, un grand hurlement, composé d'une foule de cris discordants, que l'espace transforme en une lugubre harmonie, comme celle de la marée qui monte ou d'une tempête qui s'éveille.

Quels sont les infortunés que le soir ne calme pas, et qui prennent, comme les hiboux, la venue de la nuit pour un signal de sabbat ? Cette sinistre ululation nous arrive du noir hospice perché

---

1) **crépuscule**：「薄明かり」文章語では，du matin のように補語を伴う。日常語ではたそがれのみを指し，夜明けは aurore という　2) **se fait : se faire**「作られる」　3) **esprits**：複数形で，「人びと」　7) **nue(s)**「天空，雲」（文章語）　8) **une foule de**：多数の，無数の　9) **que l'espace transforme …**：「空間が変貌させる」que は un grand hurlement にかかる目的格の関係代名詞　10) **comme celle de la marée**：celle は指

たそがれ

　日が落ちる。一日のつらい仕事に疲れたあわれな人たちに大きなやすらぎが訪れる。そしてかれらの思いは今や，優しくあいまいなたそがれ色に染まる。

　ところが，遠く尾を引く唸り声が，夕べのすきとおったうす雲をつらぬいて，山の頂きからわがバルコニーに聞こえてくる。様々な不調和な叫びが一緒になってひろびろとした空間を通り抜けるうちに，ある悲痛なハーモニーへと変貌したもので，まるで満ちてくる潮か，目覚める嵐のざわめきのハーモニーのようだ。

　いったいどんな連中だろう，夕暮れになっても気分が休まらず，まるでふくろうのように，夜の訪れを魔女たちの夜宴の合図と勘違いする，不幸な人たちとは。あの不吉な夜鳥のなきごえは，山のうえの黒々とした施療院

示代名詞 celui の女性形で，harmonie をうける　13) **prendre ... pour**〜「…を〜と取り違える」　15) **ululation**(＝ululement)（フクロウなど夜鳥の）鳴き声　15) **hospice perché sur la montagne**：決定稿の2年前のものには精神病者の施設があったリヨンの高台の名称が見えるという。（プレイヤード版注）また，当時は hôpital は，治療を目的としたものであるのに対して，hospice は収容施設であった。

LE CRÉPUSCULE DU SOIR

sur la montagne ; et, le soir, en fumant et en contemplant le repos de l'immense vallée, hérissée de maisons dont chaque fenêtre dit : « C'est ici la paix maintenant ; c'est ici la joie de la famille ! » je puis, quand le vent souffle de là-haut, bercer ma pensée étonnée à cette imitation des harmonies de l'enfer.

Le crépuscule excite les fous. — Je me souviens que j'ai eu deux amis que le crépuscule rendait tout malades. L'un méconnaissait alors tous les rapports d'amitié et de politesse, et maltraitait comme un sauvage, le premier venu. Je l'ai vu jeter à la tête d'un maître d'hôtel un excellent poulet, dans lequel il croyait voir je ne sais quel insultant hiéroglyphe. Le soir, précurseur des voluptés profondes, lui gâtait les choses les plus succulentes.

L'autre, un ambitieux blessé, devenait, à mesure que le jour baissait, plus aigre, plus sombre, plus

---

1) **en fumant et en contemplant** : en＋現在分詞はジェロンディフ，ここでは同時性をあらわす 2) **hérissée de**〜 「〜が立ち並んでいる」 5) **je puis**：＝je peux（pouvoir）（文章語） 5) **bercer (ma pensée étonnée) à**：＝bercer au son de 「〜に合わせて」étonnée は，はじめの hurlement に驚いたこと（一体誰なのか）を指すのであろう 9) **Le crépuscule**

から聞こえてくる。そして夕べにたばこをくゆらせながら，安らう広大な谷をながめていると，立ちならぶ家のひとつひとつの窓が，「ここには今やくつろぎが，ここには家族のよろこびがある」と語りかけるかのように思えるが，あの山から風が吹いてくると，驚いたわが思いをあの地獄のハーモニーに似たひびきにあわせ，静かに揺すって，眠りにつけることができるのだ。

　たそがれ時は狂人をたきつける。たそがれになると完全に気が変になる二人の友人がいたのを思い出す。一人は，そうなるとあらゆる友人関係や礼儀作法を守るのも忘れ果て，野蛮人のように誰にでも手荒なまねをするのだった。給仕頭の顔めがけて，極上の鶏料理を投げつけるのを見たことがあるが，その鶏に何か人をばかにした謎の文字が見えたと思ったのだろう。深い悦楽のまえぶれである夕暮れは，彼にしてみれば，どんなに美味なものでも台なしにしてしまうのだった。

　またもう一人は傷心の野心家で，陽がかたむくにつれ，さらにとげとげしく陰気になり，あまのじゃくになった。

---

rendait tout malades：「たそがれが…病気にする」tout は強調　10) **méconnaissait, maltraitait**：半過去は繰り返しを示す　14) **dans lequel**：poulet を先行詞とする，前置詞 dans を伴う関係代名詞　14) **je ne sais quel …**「なんだかわからないが」　15) **le soir, précurseur**：同格になっている　18) **à mesure que**「〜につれて」

LE CRÉPUSCULE DU SOIR

taquin. Indulgent et sociable encore pendant la journée, il était impitoyable le soir ; et ce n'était pas seulement sur autrui, mais aussi sur lui-même, que s'exerçait rageusement sa manie crépusculeuse.

Le premier est mort fou, incapable de reconnaitre sa femme et son enfant ; le second porte en lui l'inquiétude d'un malaise perpétuel, et fût-il gratifié de tous les honneurs que peuvent conférer les républiques et les princes, je crois que le crépuscule allumerait encore en lui la brûlante envie de distinctions imaginaires. La nuit, qui mettait ses ténèbres dans leur esprit, fait la lumière dans le mien ; et, bien qu'il ne soit pas rare de voir la même cause engendrer deux effets contraires, j'en suis toujours comme intrigué et alarmé.

Ô nuit ! ô rafraîchissantes ténèbres ! Vous êtes pour moi le signal d'une fête intérieure, vous êtes

---

2) **ce n'était pas ... que**：強調構文に〈ne pas seulement 〜, mais aussi〉が組み合わされている　4) **s'exercer**「(影響などが) 及ぼされる」　4) **crépusculeuse** ← **crépusculeux**：crépusculaire がふつう　8) **fût-il**「たとえ彼が〜であっても」(fût は être の接続法半過去)　9) **que peuvent ....**：倒置になっている　10) **Le crépuscule allumerait ...**「夕暮れは…(〜の

たそがれ

　日中はまだしも鷹揚で愛想が良いのだが，夕暮れになると情け容赦がなかった。そして他人にたいしてだけでなく自分にも同じように，彼の夕暮れの狂気は猛威をふるったのだった。

　はじめの友人は妻子の顔もわからなくなって狂い死にしてしまった。二人めは絶えず悶々として心の休まる暇もなく，たとえ共和国や君主が与え得るありとあらゆる栄誉を授けられても，なお彼は夕暮れになると，ありもしない栄誉を望んで身を焦がす思いをするだろう。彼らの心を闇に閉ざした夜も，わたしの心には光をともす。そして同じ原因が相反する二つの結果をうみだすことは稀でないとはいえ，この事には今なおなんとなくいぶかしく思い，取り乱す。

　ああ夜よ！　さわやかな闇よ！　きみはわたしにとって内なる祝祭の合図，苦悶からの解放！　人気のない野

欲望を）かきたてるだろう」（条件節は fût-il 以下）　12) **distinction**「栄誉の印，勲章」　14) **bien que**「〜であるが」（que 以下は接続法）　16) **j'en suis**：en は intrigué (de 〜) と alarmé (de 〜) の de により，de cela（それについて＝La nuit … dans le mien）を指す

— 81 —

LE CRÉPUSCULE DU SOIR

la délivrance d'une angoisse ! Dans la solitude des plaines, dans les labyrinthes pierreux d'une capitale, scintillement des étoiles, explosion des lanternes, vous êtes le feu d'artifice de la déesse Liberté !

Crépuscule, comme vous êtes doux et tendre ! Les lueurs roses qui traînent encore à l'horizon comme l'agonie du jour sous l'oppression victorieuse de sa nuit, les feux des candélabres qui font des taches d'un rouge opaque sur les dernières gloires du couchant, les lourdes draperies qu'une main invisible attire des profondeurs de l'Orient, imitent tous les sentiments compliqués qui luttent dans le cœur de l'homme aux heures solennelles de la vie.

On dirait encore une de ces robes étranges de danseuses, où une gaze transparente et sombre laisse entrevoir les splendeurs amorties d'une jupe éclatante, comme sous le noir présent transperce le délicieux passé ; et les étoiles vacillantes d'or et

---

9) **candélabres** : 先が枝分かれした「大きな燭台」　13) **imitent** : les lueurs.., les feux …, les lourdes draperies … を

　　　　　　　　　たそがれ

原のなかでも，首都の石の迷路のなかでも，星のまたたきよ，一斉にともるランタンのきらめきよ，きみは自由の女神の放つ，打ち上げ花火！

　たそがれよ，きみはなんと甘美でやさしいのだろう！しだいに勝る夜の闇に攻めたてられた昼の光の最後のあがきのように，地平線になお暮れなずむバラ色の微光，日没のさいごの輝きに不透明な赤で点々と染みをつける大燭台の明かり，東方の奥深いところから眼にみえない手が引き寄せるおもい夜の帳，これらすべては人生の厳粛な時刻に人の心のなかで闘う，あらゆるこみいった感情を模している。

　たそがれはまた，透けて黒っぽい薄織りの布地を通して，まばゆいばかりのスカートのあざやかな色彩が弱められかい間見える，踊り子たちのあの不思議なドレスに似る。それはあたかも暗い現在の下から甘美な過去がつ

主語とする　16) **on dirait**〜「まるで〜のようだ」　16) **une de ces robes**「あんなふうなドレスのひとつ」ces は感情的用法

— 83 —

LE CRÉPUSCULE DU SOIR

d'argent, dont elle est semée, représentent ces feux de la fantaisie qui ne s'allument bien que sous le deuil profond de la Nuit.

---

1) **dont elle est semée**: elle は robe をさす 2) **(qui) ne**

らぬき通してくるかのよう。そしてドレスのあちこちに散りばめられた，金や銀のまたたく星たちは，「夜」の深い喪に閉ざされてはじめて強く輝きはじめる，あの幻想のきらめきなのだ。

(s'allument bien) que : seulement

LES YEUX DES PAUVRES

　Ah! vous voulez savoir pourquoi je vous hais aujourd'hui. Il vous sera sans doute moins facile de le comprendre qu'à moi de vous l'expliquer; car vous êtes, je crois, le plus bel exemple d'imperméabilité féminine qui se puisse rencontrer.

　Nous avions passé ensemble une longue journée qui m'avait paru courte. Nous nous étions bien promis que toutes nos pensées nous seraient communes à l'un et à l'autre, et que nos deux âmes désormais n'en feraient plus qu'une; —un rêve qui n'a rien d'original, après tout, si ce n'est que, rêvé par tous les hommes, il n'a été réalisé par aucun.

　Le soir, un peu fatiguée, vous voulûtes vous

---

4) **le comprendre ... l'expliquer**：le は中性代名詞で，前文（なぜ嫌いか）を指す　6) **imperméabilité**：水などを透さないこと，感情については「心が動かないこと」を言うが稀で，ロベール辞典にはこの個所が引用されている　6) **se puissent rencontrer**：le plus（最上級）のため接続法になっている。語順は現代では puissent　se　rencontrer となる。se rencontrer は「見受けられる」の意　8) **nous avions passé ... nous nous étions promis**：passer, se promettre の大過去で

貧乏人の眼

　ああ，あなたは，知りたいんだね，なぜ今日あなたを嫌いになったのか。それを説明するのはたやすいことでも，あなたに分かってもらうのは難しいことだろう。なぜならあなたは女のつれなさのもっとも見事な見本なのだから。

　一緒に長い一日を過ごしたけれども，あっという間のように思われた。二人の考えはみなおなじ，これからはもう二人の心がひとつになったもおなじこと，と固く約束し合ったものだが，そんなことは所詮ありふれた夢でしかなかった。ただ，人間だれしもそう願いながら，誰一人その夢を叶えたものはいないというだけのことだ。

　夕方，少し疲れて，あなたは新しくできたばかりのカ

完了を表わす。ただしここでは nous nous étions *pourtant bien promis* のニュアンスがある　10) **seraient** : être の条件法，未来形（seront）の時制の一致。次の ferait も同じ　10) **commun(es) à**〜　「〜に共通な」　11) **l'un (et à) l'autre** : je, vous の二人のことで，一方と他方は限定され，定冠詞がつく　12) **n'en ferait qu'une** : en＝âme, faire は「(数量が) 〜になる」ne ... que＝seulement　13) **si ce n'est** : 〜を除けば

LES YEUX DES PAUVRES

asseoir devant un café neuf qui formait le coin d'un boulevard neuf, encore tout plein de gravois et montrant déjà glorieusement ses splendeurs inachevées. Le café étincelait. Le gaz lui-même y
5 déployait toute l'ardeur d'un début, et éclairait de toutes ses forces les murs aveuglants de blancheur, les nappes éblouissantes des miroirs, les ors des baguettes et des corniches, les pages aux joues rebondies traînés par les chiens en laisse, les
10 dames riant au faucon perché sur leur poing, les nymphes et les déesses portant sur leur tête des fruits, des pâtés et du gibier, les Hébés et les Ganymèdes présentant à bras tendu la petite amphore à bavaroises ou l'obélisque bicolore des
15 glaces panachées ; toute l'histoire et toute la mythologie mises au service de la goinfrerie.

---

1) **devant un café** : カフェの前にあるテラスを考えればよい
2) **boulevard neuf** : 「新しく開通した大通り」19世紀後半, ナポレオン三世の命により, セーヌ県知事オスマンによってパリ大改造が行われ, 今日のパリの街並みが形成された　2) **gravois** : (古)＝gravats「(取り壊した建物の) 石屑」　4) **le gaz** : ガスによる照明は, 灯油に代わって用いられ, この詩集の背景である第二帝政期に普及し, その後電灯となっていった　7) **les ors de …** : (l'or de)「金色の〜」　8) **baguettes** : 壁の装飾で, 断面が半円形に突き出た丸い割り形のもの。また額縁の装飾にもなる　8) **corniches** : 壁や, 壁と天井を区切

貧乏人の眼

フェテラスに腰をおろそうとした。それはまだ取り壊された建物の残骸があちこちに散乱していながらも，すでに未完成の輝きを華やかに見せている，開通して間もない大通りの一角をなしていた。カフェはきらきら輝いていた。ガスの照明は，みずからもおひろめとばかりに熱気を存分に繰りひろげて，あたりをこうこうと照らし出していた。眼もくらむほどに真っ白な壁や何面ものまばゆい鏡のひろがり，金に塗られた玉縁や蛇腹飾り，綱の先の犬に引っぱられた，ふくらんだほっぺたのお小姓たちや，手首にとまった鷹に微笑む貴婦人たち，また頭上に果物やパテや猟の獲物をのせた妖精や女神，腕をのばしてバヴァロワーズ入りの壺や二色のアイスクリームを取り合わせたオベリスクをさしだす，へべやガニメデスといった，これら大食のために駆り出されたあらゆる歴史や神話の数々を。

る装飾の帯　10) **riant**：les dames を修飾する分詞。後の portant, présentant も同様　12) **les Hébés et les Ganymèdes**：Hébé はギリシャ，ローマ神話の女神で，Ganymède と共にオリンポスで，神々に不老不死の源となる食物を供していた。複数の定冠詞がついているのはそのような人物を指すため　14) **bavaroise**：紅茶に卵黄，ミルク，キルシュ酒を加えた飲物　15) **glaces**：アイスクリームは，17世紀後半，パリに最初にカフェを開いたとされるプロコープがもたらしたというが，この当時もテラスと並んでカフェの呼び物であったという

LES YEUX DES PAUVRES

　Droit devant nous, sur la chaussée, était planté un brave homme d'une quarantaine d'années au visage fatigué, à la barbe grisonnante, tenant d'une main un petit garçon et portant sur l'autre bras un petit être trop faible pour marcher. Il remplissait l'office de bonne et faisait prendre à ses enfants l'air du soir. Tous en guenilles. Ces trois visages étaient extraordinairement sérieux, et ces six yeux contemplaient fixement le café nouveau avec une admiration égale, mais nuancée diversement par l'âge.

　Les yeux du père disaient : « Que c'est beau ! que c'est beau ! on dirait que tout l'or du pauvre monde est venu se porter sur ces murs. » —Les yeux du petit garçon : « Que c'est beau ! que c'est beau ! mais c'est une maison où peuvent seuls entrer les gens qui ne sont pas comme nous. » — Quant aux yeux du plus petit, ils étaient trop fascinés pour exprimer autre chose qu'une joie stupide et profonde.

---

2) **brave homme** 「律儀な男」brave は名詞の前では勇敢な, 後では本例のように「誠実な」 5) **trop … pour**＋不定詞「あまりに…で, ～出来ない」 6) **remplir l'office de**～「～の役目を果たす」 6) **prendre l'air**「散歩する」　13) **on dirait**

貧乏人の眼

　すぐ前の車道に，くたびれた顔で，白髪混じりの髭をはやした四十がらみの実直そうな男が，片手に少年を連れ，片腕には，歩くのもおぼつかないような幼児を抱いて突っ立っていた。男は自分がお手伝いがわりになって，子供たちに夕暮れの大気を吸わせていたのだ。皆ぼろを着ていた。三人の顔はひどく生真面目で，その六つの眼は出来たばかりのカフェを，一様に感心してじっと見つめていたが，年のちがいでさまざまにニュアンスが異なっていた。

　父親の眼はこう言っていた。「なんと美しい，ああなんと美しいんだ！　まるであわれなこの世の黄金が，ことごとくこの壁に集まったようだ」——少年の眼は，「きれいだなあ，ああなんてきれいなんだ！　でもここは僕たちのようじゃない人だけが入れる店なんだ。」——下の子の眼に至っては，あまりに魅了されていたため，深く呆けたようなよろこび以外，なにも示してはいなかった。

---

que＋直説法「…のようだ」　14) **monde**「現世」le (ce) bas monde ともいう　14) **se porter** : affluer「押し寄せる」16) **où peuvent seuls entrer** : 主語 les gens qui 以下が（長いため）倒置されている　18) **Quant à (aux)**「～はどうかというと」

— 91 —

LES YEUX DES PAUVRES

　Les chansonniers disent que le plaisir rend l'âme bonne et amollit le cœur. La chanson avait raison ce soir-là, relativement à moi. Non seulement j'étais attendri par cette famille d'yeux,
5 mais je me sentais un peu honteux de nos verres et de nos carafes, plus grands que notre soif. Je tournais mes regards vers les vôtres, cher amour, pour y lire *ma* pensée ; je plongeais dans vos yeux si beaux et si bizarrement doux, dans vos yeux
10 verts, habités par le Caprice et inspirés par la Lune, quand vous me dîtes : « Ces gens-là me sont insupportables avec leurs yeux ouverts comme des portes cochères ! Ne pourriez-vous pas prier le maître du café de les éloigner d'ici ? »
15 　Tant il est difficile de s'entendre, mon cher ange, et tant la pensée est incommunicable, même entre gens qui s'aiment !

---

1) **chansonnier**：風刺的な歌やスケッチを作る,「シャンソンの作者」　3) **relativement à** 〜「〜に関して」　4) **famille de**「一族, 同族」　10) **inspiré par la Lune**：月は狂気のイメージを持つ　11) **dîtes**：dire（言う）の単純過去形（ここでは一度だけの行為なので）ただし pléïade 版などは dites となっているが, 19世紀の正字法の許容する幅のためかと思われる

貧乏人の眼

　喜びは魂をよきものにし，心を和ませると言うシャンソニエの歌の文句は，その夜わたしにはあてはまった。わたしはこの眼の家族をみてほろりとしたばかりか，自分たちの渇きよりも大きなグラスや水差しに，少しばかり恥じ入っていたのだった。視線をあなたのまなざしに向けて，愛する人よ，そこに<u>私自身の</u>考えを読み取ろうとしたのだ。そしてそんなにもきれいで奇妙にやさしい眼のなかに，「気まぐれ」が宿り「月」の狂気をうけついだ緑の眼のなかに，吸い込まれていたのだった。するとその時あなたはこう言った。「あの人たちったらあんなに大きく眼をむいて，耐え難いわ！　カフェの主人に追い払うように言って下さらない？」

　こんなにも分かり合うのは難しいのだね，かわいい天使よ，そしてこれほども考えは通じることはないのだ，たとえ愛し合う者たちのあいだでさえ！

---

13) **portes cochères**「馬車が中庭に入れる広い門」ouvrir les yeux comme des portes cochères「興奮のため大きく眼を見開いている様」をいう慣用句が，現代の辞書にはみられる　15) **tant**「それほど」tant は副詞だがここでは接続詞用法　16) **ange**：愛情をこめた呼びかけの言葉

LES VOCATIONS

Dans un beau jardin où les rayons d'un soleil automnal semblaient s'attarder à plaisir, sous un ciel déjà verdâtre où des nuages d'or flottaient comme des continents en voyage, quatre beaux enfants, quatre garçons, las de jouer sans doute, causaient entre eux.

L'un disait : « Hier on m'a mené au théâtre. Dans des palais grands et tristes, au fond desquels on voit la mer et le ciel, des hommes et des femmes, sérieux et tristes aussi, mais bien plus beaux et bien mieux habillés que ceux que nous voyons partout, parlent avec une voix chantante. Ils se menacent, ils supplient, ils se désolent, et ils appuient souvent leur main sur un poignard enfoncé dans leur ceinture. Ah ! c'est bien beau ! Les femmes sont bien plus belles et bien plus grandes que celles qui viennent nous voir à la maison, et,

---

2) **un soleil automnal** : soleil に不定冠詞がついているのは，一般的な太陽 (le soleil) に新情報, (秋の) が加わっているため，後の (un ciel ...) も同様 3) **s'attarder**「ぐずぐず

天　職

　秋の日差しが，気ままにたゆたっているような美しい公園で，金色をした雲が移動する大陸のように浮かび，もう緑色がかった空の下,四人のかわいらしい子供たち，四人の少年たちが，あそび疲れたのだろう，仲間同士で話をしていた。

　一人が言った。「きのう，芝居に連れてってもらった。おおきくて悲しそうな宮殿で，奥に海と空が見えて，男や女の人たちもむつかしそうな，やはり悲しい顔をしてたけど，そこらで見かける人たちよりずっと立派で良い身なりをして，歌ってるみたいな声で話すのさ。お互いすごんだり，相手にすがったり，悲嘆に暮れたかと思うと,帯にはさんだ短剣にときどき手をかけたりするんだ。ああ，なんてきれいなんだろう！　女たちは，僕たちの家に会いに来る人たちよりずっときれいで，ずっと背が高いんだ。そして目は落ち窪んで，ほっぺたをほてらせ

する」　3) **à plaisir**「勝手きままに」(文章語)　9) **au fond desquels**：au fond de「〜の奥に」＋lesquels（＝palais）　11) **bien plus beaux ...**：bien は強調　18) **celles**：＝femmes

LES VOCATIONS

quoique avec leurs grands yeux creux et leurs joues enflammées elles aient l'air terrible, on ne peut pas s'empêcher de les aimer. On a peur, on a envie de pleurer, et cependant l'on est content …
5 Et puis, ce qui est plus singulier, cela donne envie d'être habillé de même, de dire et de faire les mêmes choses, et de parler avec la même voix … »

L'un des quatre enfants, qui depuis quelques secondes n'écoutait plus le discours de son cama-
10 rade et observait avec une fixité étonnante je ne sais quel point du ciel, dit tout à coup : « Regardez, regardez là-bas … ! *Le* voyez-vous? Il est assis sur ce petit nuage isolé, ce petit nuage couleur de feu, qui marche doucement. *Lui* aussi,
15 on dirait qu'*il* nous regarde. »

« Mais qui donc? » demandèrent les autres.

« Dieu! » répondit-il avec un accent parfait de conviction. « Ah! il est déjà bien loin ; tout à l'heure vous ne pourrez plus le voir. Sans doute il

---

1) **quoique**〜 「〜であるが」後にくる文の動詞は接続法となる (=aient) 1) **avec leurs yeux creux …** : avec〜 多くは文頭で用いられ, 「〜によって」(理由, 原因をあらわす) 2) **ne (pas) pouvoir s'empêcher de**+不定詞 「〜せずにはいられない」 3) **avoir envie de**+不定詞 「〜したい」 4) **l'on** : l' は音を調えるために用いられる 5) **ce qui est plus sin-**

— 96 —

天　　職

て恐ろしそうなんだけど，好きにならずにはいられないんだ。こわくて泣きたくなるけど，楽しいんだ……それに，もっとおかしいのはおなじ格好をして，おなじことを言ったりしたり，おなじ声で話したくなるんだ……。」

　四人のうちの一人は，すこし前から，もはや仲間のおしゃべりなどには耳を貸さず，空のどこか一点を，じっと穴があくほど見つめていたが，突然こう言った。「見て，見て，あそこを！　あの方が見えるかい？　あのちいさなひとつだけぽつんと浮かんだ雲に，あのゆっくり進んでいく，火のように赤いちいさな雲に腰かけてる，あの方もまた，ぼくたちを見つめてるみたいだ。」

　「いったい誰だい？」他の少年たちはたずねた。

　「神様だよ！」と彼は確信にみちた調子で答えた。「ああ！　もうあんなに遠くへ行っちゃった。もうすぐ見えなくなるよ。きっと世界中の国をまわるんだ。ほら，地

---

gulier「もっと不思議なことには」　6) **d'être habillé de même**「おなじように装っている」　10) **fixité**：視線がじっと動かないこと　10) **je ne sais quel** (je ne sais＋疑問詞)「…だかわからないが」　12) **Le , Lui , il**：イタリックは，いずれもあとの Dieu をあらわす　18) **tout à l'heure**：時制によって過去にも未来にも用いられる。ここでは「もうじき」

LES VOCATIONS

voyage, pour visiter tous les pays. Tenez, il va passer derrière cette rangée d'arbres qui est presque à l'horizon … maintenant il descend derrière le clocher … Ah! on ne le voit plus! » Et l'enfant
5 resta longtemps tourné du même côté, fixant sur la ligne qui sépare la terre du ciel des yeux où brillait une inexprimable expression d'extase et de regret.

«Est-il bête, celui-là, avec son bon Dieu, que lui
10 seul peut apercevoir! » dit alors le troisième, dont toute la petite personne était marquée d'une vivacité et d'une vitalité singulières. «Moi, je vais vous raconter comment il m'est arrivé quelque chose qui ne vous est jamais arrivé, et qui est un
15 peu plus intéressant que votre théâtre et vos nuages. — Il y a quelques jours, mes parents m'ont emmené en voyage avec eux, et, comme dans l'auberge où nous nous sommes arrêtés, il n'y avait pas assez de lits pour nous tous, il a été
20 décidé que je dormirais dans le même lit que ma

---

1) **va passer** : aller＋不定詞：近未来をあらわす　5) **fixant … des yeux** : 分詞構文。眼で…をみつめながら　9) **avec son …** 「いつもの，例の」(son は，性，数によって変化する)
10) **dont toute sa petite personne** : personne は「容姿，身

天　　職

平線すれすれのあの木立のうしろをもうすぐ通るよ…いま鐘楼のうしろへ降りてくとこだ…ああ！　もう見えなくなっちゃった！」子供はずっと同じ方向をむいたまま，空と大地を分かつ線をじっと見つめていたが，その目にはうっとりとして去り行くのを惜しむ，なんとも言えぬ表情がありありと浮かんでいた。

「バカだな，あいつ，自分にしか見えない神様のはなしなんかして！」と三人目は言った。小柄でもその子は体中が，ふしぎと元気はつらつとしたところにあふれていた。「いいかい，きみたちには起こったことがないようなことが，このぼくにはどうして起こったか聞かせてやろう。それはきみたちのお芝居や，雲なんかよりもうちょっとおもしろいよ。──何日か前のことだ，両親に連れられて旅にいった。泊まった宿屋に，みんなの分のベッドがなかったので，お手伝いといっしょのベッドで寝る

体」,「そのちいさな体全体は」　13) **il m'est arrivé**〜　「わたしに〜が起こった」。il は非人称　16) **il y a**＋日数，時間など，「〜前に」　19) **assez (de)** 〜 **pour ...**　「…に十分〜」　19) **il a été décidé que**〜　「〜と決まった」il は非人称

LES VOCATIONS

bonne. » —Il attira ses camarades plus près de lui, et parla d'une voix plus basse. — « Ça fait un singulier effet, allez, de n'être pas couché seul et d'être dans un lit avec sa bonne, dans les ténèbres.
5 Comme je ne dormais pas, je me suis amusé, pendant qu'elle dormait, à passer ma main sur ses bras, sur son cou et sur ses épaules. Elle a les bras et le cou bien plus gros que toutes les autres femmes, et la peau en est si douce, si douce, qu'on
10 dirait du papier à lettre ou du papier de soie. J'y avais tant de plaisir que j'aurais longtemps continué, si je n'avais pas eu peur, peur de la réveiller d'abord, et puis encore peur de je ne sais quoi. Ensuite j'ai fourré ma tête dans ses cheveux qui
15 pendaient dans son dos, épais comme une crinière, et ils sentaient aussi bon, je vous assure, que les fleurs du jardin, à cette heure-ci. Essayez, quand vous pourrez, d'en faire autant que moi, et vous verrez ! »

---

2) **faire un .... effet**「…の印象をあたえる」 3) **allez**「さあ，ほら」など相手の反応を促す間投詞的用法 3) **n'être pas couché**: être couché は横になっている状態をさす 6) **passer**:「手などを軽く動かす」 9) **la peau en est**: en は de を伴う名詞を受ける代名詞，ここでは la peau des bras … 10) **j'y avais tant de plaisir que**: avoir plaisir à～「～を楽

天　　職

ことになった。———彼は友だちを自分近くへ引き寄せ，より低い声で続けた。———「一人でねないで，お手伝いといっしょのベッドで暗闇のなかにいるって，なんかへんな気分だよ。眠くなかったので，彼女がねてるあいだに腕やうなじや肩をちょっとなでてみた。どんな女たちよりも肉づきのいい腕とうなじをしていて，肌のやわらかいことといったら，まるで便せんか，薄紙みたいなんだ。あんまり楽しかったから怖くならなければずっとやってただろう，最初は相手が目をさますのじゃないかと心配だったけど，やがてなんとなくそら恐ろしくならなかったら。それからたてがみのように背中にふさふさと垂れ下がっている髪のなかに顔を埋めると，ちょうど今時分の公園の花と同じくらい良い匂いがするのさ，ほんとだよ，やれる時があったらぼくみたいにやってみなよ，わかるから！」

しむ」yはàを伴う名詞，句をうけ，ここではà passer ma main ... をさす。〈tant (de) ～ que ....〉は「それほど～なので…である」 11) **j'aurais .... continué**：条件法過去，過去の事実に反する仮定 18) **en faire autant**「～とおなじく～する」 19) **vous verrez**：voir＝わかる

LES VOCATIONS

Le jeune auteur de cette prodigieuse révélation avait, en faisant son récit, les yeux écarquillés par une sorte de stupéfaction de ce qu'il éprouvait encore, et les rayons du soleil couchant, en glissant à travers les boucles rousses de sa chevelure ébouriffée, y allumaient comme une auréole sulfureuse de passion. Il était facile de deviner que celui-là ne perdrait pas sa vie à chercher la Divinité dans les nuées, et qu'il la trouverait fréquemment ailleurs.

Enfin le quatrième dit : « Vous savez que je ne m'amuse guère à la maison ; on ne me mène jamais au spectacle ; mon tuteur est trop avare ; Dieu ne s'occupe pas de moi et de mon ennui, et je n'ai pas une belle bonne pour me dorloter. Il m'a souvent semblé que mon plaisir serait d'aller toujours droit devant moi, sans savoir où, sans que personne s'en inquiète, et de voir toujours des pays nouveaux. Je ne suis jamais bien nulle part,

---

6) **y allumer comme** : = allumer quelque chose qui ressemble à ... comme は pour ainsi dire「いわば」の意　6) **sulfureux (-se)**「硫黄質の」硫黄は地獄の業火を暗示する場合がある。cf. Qui rappelle le démon, l'enfer ... 8) **perdrait** : 過去未来　13) **tuteur** : 未成年者などの財産を管理し，法的に代理人となる。普通は父母，この子供は孤児かと受けとられ

天　　職

　この思いもよらぬうちあけ話の若き語り手は，物語りながらも忘我の心地からいまだ醒めやらぬように，目を大きく見開いたままだった。そして暮れゆく陽の光は，少年の乱れた髪の赤い巻毛のなかに射しこんで，燃える硫黄の青い情熱の後光さながらに，ぽっと灯し出していた。その子が雲のなかに「神」を探し求めて一生を棒にふることはあるまいと，またたいていはよそに見つけるだろうとは容易に察しがついた。

　最後に四人目が言った。「僕は家にいたってろくに面白いことなんかないのは君たちも知ってるよね。芝居に連れてってはもらえないし，後見人はケチでお話にならない。神様だって僕がどんなに退屈しても構ってくれない。かわいがってくれるきれいなお手伝いもいないし。こんな気のすることがよくあるんだ，行先も知らず，誰にも気にとめられずに，前をむいて真っすぐどんどん進んでいき，そしていつも新しい国を見ていられたらどんなにいいだろうかと。どこにいたって面白くはないし，今い

る　14) **ne s'occupe pas** *de* **moi et** *de* **mon ennui**：s'occuper de〜「〜の世話をする，相手をする」　17) **sans que**〜「〜することなく」後には接続法がくる　18) **s'en inquiète**：s'inquiéter de〜「〜を心配する」　19) **nulle part**：「どこにも（〜ない）」

LES VOCATIONS

et je crois toujours que je serais mieux ailleurs que là où je suis. Eh bien! j'ai vu, à la dernière foire du village voisin, trois hommes qui vivent comme je voudrais vivre. Vous n'y avez pas fait
5 attention, vous autres. Ils étaient grands, presque noirs et très fiers, quoique en guenilles, avec l'air de n'avoir besoin de personne. Leurs grands yeux sombres sont devenus tout à fait brillants pendant qu'ils faisaient de la musique; une musique si
10 surprenante qu'elle donne envie tantôt de danser, tantôt de pleurer, ou de faire les deux à la fois, et qu'on deviendrait comme fou si on les écoutait trop longtemps. L'un, en traînant son archet sur son violon, semblait raconter un chagrin, et
15 l'autre, en faisant sautiller son petit marteau sur les cordes d'un petit piano suspendu à son cou par une courroie, avait l'air de se moquer de la plainte de son voisin, tandis que le troisième choquait, de temps à autre, ses cymbales avec une violence

---

5) **vous autres**：(je と vous の) 区別を強調する言い方　5) **presque noirs**：現代でも半ば放浪生活をおくる，フランスで gitans (ジタン) と呼ばれるジプシーの人びとを描いていると思われる　6) **quoique en guenilles：**quoique 〜「〜とはいえ」の後は動詞の省略が行なわれることがある（ここでは être）
7) **n'avoir besoin de personne**「誰をも必要としない」9) **si**

天　　職

るところとは別のところへ行けば気分がいいだろうと，いつも思うんだ。それでね，ぼくが暮らしたいようなくらしをしてる三人の男たちを，このあいだの隣村の市で見かけた。気にもしなかっただろう，きみたちはね。男たちは背が高く，浅黒くて，ボロは着ていてもひどく気ぐらいがたかくて，誰の世話にもならないぞ，という風にみえた。大きな暗い眼は音楽を奏でているうちにいよいよ輝きを増してきた。それは奇妙な音楽で，踊りたくなったかとおもうと泣きたくなり，両方をいっしょにやりたくなったりするほどで，そんなのをいつまでも聴いていたら気がへんになりそうなんだ。一人はバイオリンの上に弓をはわせながら悲しみを語っているようで，もう一人は，ひもで首から吊したちいさなピアノの弦に，ちいさなハンマーを躍らせながら，となりの男の嘆きなどどこ吹く風というふうだった。いっぽう，三人目はときどき思い出したようにものすごい勢いでシンバルを打

---

surprenante que：si～que …「あまり～なので…だ」次の et que にも続いている　　10) **tantôt**「あるときは」　　11) **(faire) les deux**：「両方」（をする）　　12) **si on les écoutait …**：on deviendrait の条件節　　18) **choquait**：choquer：（主語が人で）「ものをぶつけ合わせる」

LES VOCATIONS

extraordinaire. Ils étaient si contents d'eux-mêmes, qu'ils ont continué à jouer leur musique de sauvages, même après que la foule s'est dispersée. Enfin ils ont ramassé leurs sous, ont chargé leur bagage sur leur dos, et sont partis. Moi, voulant savoir où ils demeuraient, je les ai suivis de loin, jusqu'au bord de la forêt, où j'ai compris seulement alors, qu'ils ne demeuraient nulle part.

« Alors l'un a dit : "Faut-il déployer la tente ?

« — Ma foi ! non ! a répondu l'autre, il fait une si belle nuit ! "

« Le troisième disait en comptant la recette : "Ces gens-là ne sentent pas la musique, et leurs femmes dansent comme des ours. Heureusement, avant un mois nous serons en Autriche, où nous trouverons un peuple plus aimable.

« — Nous ferions peut-être mieux d'aller vers l'Espagne, car voici la saison qui s'avance : fuyons avant les pluies et ne mouillons que notre gosier", a dit un des deux autres.

---

1) **contents d'eux-même** : être content de soi-même「自己満足している」 3) **après que**「〜の後で」 9) **l'un ... l'autre ... le troisième** : 三人の男たちを一人ずつ順に説明 10) **ma foi** : あまり乗り気でない時に言う「まあ」 12) **recette**「収入」 13) **sentent** : 何かについて美的な感覚を持つ,「感じと

天　　職

ち鳴らしていた。彼らはたいそう得意になって，見物人が散り散りになったあとでも，野蛮人の音楽を演奏しつづけた。そしてようやく投げ銭を拾い集め荷物を背負い，立ち去った。ぼくは連中がどこに住んでいるのか知りたくて，遠くから後をついて森のはずれまで行ったが，そこではじめて，彼らにはどこにも住みかがないと悟った。

「さて」，と一人が言った。「テントを広げなきゃならんかな。」

「なに，そうすることもないさ！」ともう一人が答えた。「こんなによく晴れた夜だものな！」

3人目は実入りを勘定しながら言った。「あいつらには音楽がわからないし，女房どもの踊りときたらまるで熊だ。ありがたいことに，一月もしないうちにオーストリアにいることだし，むこうにはもっと結構なお客がいるだろうよ。」

「スペインあたりに行ったほうがいいかもしれない。時候も寒さにむかうし，雨に降られないうちに行っちまおう，濡らすのは喉だけってことにしようぜ。」と，残った二人のうちの片方が言った。

る」　17) **faire mieux de**＋不定詞「〜したほうが良い」　18) **voici la saison qui s'avance**「季節（ここでは秋）も深まってきた」voici　〜は「〜が来る，近づく」s'avancer は時間，季節が「進む」

LES VOCATIONS

« J'ai tout retenu, comme vous voyez. Ensuite ils ont bu chacun une tasse d'eau-de-vie et se sont endormis, le front tourné vers les étoiles. J'avais eu d'abord envie de les prier de m'emmener avec eux et de m'apprendre à jouer de leurs instruments ; mais je n'ai pas osé, sans doute parce qu'il est toujours très difficile de se décider à n'importe quoi, et aussi parce que j'avais peur d'être rattrapé avant d'être hors de France. »

L'air peu intéressé des trois autres camarades me donna à penser que ce petit était déjà un *incompris*. Je le regardais attentivement ; il y avait dans son œil et dans son front ce je ne sais quoi de précocement fatal qui éloigne généralement la sympathie, et qui, je ne sais pourquoi, excitait la mienne, au point que j'eus un instant l'idée bizarre que je pouvais avoir un frère à moi-même inconnu.

Le soleil s'était couché. La nuit solennelle avait pris place. Les enfants se séparèrent, chacun allant, à son insu, selon les circonstances et les

---

6) **oser**「思い切って…する」 8) **n'importe quoi**「何でも」
13) **je ne sais quoi (de)**：全体で名詞となっている。(un～)＝「なにかわからない（が運命的な）もの」 16) **au point que**

　　　　　　　天　　職

「ほらね，全部おぼえてるだろ。それから連中はめいめい，ブランデーを一杯ずつ飲んで，顔を星空にむけて眠った。はじめ，ぼくはいっしょに連れてってくれるように頼んで，楽器を教えてもらおうと思ったけど，言い出せなかった。きっとどんなことでも決心するのはとっても難しいし，フランスを出ないうちに捕まるのがこわかったからだろう。」

　ほかの三人の仲間のほとんど関心を示さないようすに，この少年がすでに<u>理解されぬ者</u>であるのが感じられた。彼を注意してながめると，その眼と額には，ふつう人の共感を遠ざける，幼いうちから負わされた宿命のようなものが認められた。それが何故かわからないがひどくわたしの共感を誘ったので，もしや自分も知らない弟がいたのかもしれない，というふしぎな考えを一瞬抱いたほどだった。

　日はとっぷりと暮れていた。厳かな夜がやってきていた。子供たちは別れていった，めいめい知らず識らず，その場その場の成り行きしだいで，おのれ宿命を成就さ

～「～するほどに」 19) **s'était couché**：se coucher の大過去。語り手が考えをめぐらせている間にすでに日が沈んでいたことを示す。次の avait pris も同様

LES VOCATIONS

hasards, mûrir sa destinée, scandaliser ses proches et graviter vers la gloire ou vers le déshonneur.

---

2) **graviter**: 現代語では星が動くことに限定された動詞だが，19世紀には比喩的に，tendre vers「～に向かう」という

天　職

せ，親族のひんしゅくをかい，栄光か汚辱かにむかっていくのだった。

意味がみられる

ENIVREZ-VOUS

　Il faut être toujours ivre. Tout est là : c'est l'unique question. Pour ne pas sentir l'horrible fardeau du Temps qui brise vos épaules et vous
5 penche vers la terre, il faut vous enivrer sans trêve.

　Mais de quoi ? De vin, de poésie ou de vertu, à votre guise. Mais enivrez-vous.

　Et si quelquefois, sur les marches d'un palais,
10 sur l'herbe verte d'un fossé, dans la solitude morne de votre chambre, vous vous réveillez, l'ivresse déjà diminuée ou disparue, demandez au vent, à la vague, à l'étoile, à l'oiseau, à l'horloge, à tout ce qui fuit, à tout ce qui gémit, à tout ce qui
15 roule, à tout ce qui chante, à tout ce qui parle, demandez quelle heure il est ; et le vent, la vague, l'étoile, l'oiseau, l'horloge, vous répondront : « Il

---

2) **Il faut**＋不定詞「〜しなければならない」 5) **s'enivrer (de 〜)**「(〜に)酔う」 7) **Mais de quoi ?**「何に ?」faut- il s'enivrer が省略されていると考える。 7) **à〜guise**「〜の好むままに」(所有形容詞は人称に応じて変化)　8) **mais**：語句を繰り返し

— 112 —

酔うがいい

　いつも陶酔していなければならない。まさにそれがすべて，ただひとつの問題だ。きみの肩をうちくだき地面に届くほどに身をかがませる，おそろしい「時」の重荷を感じないようにするには，たえまなく酔っていなければならない。

　だが，何に酔えというのだ？　酒でも，詩でも，美徳でも，何にでもきみの好きなものに。とにかく酔うがいい。

　そしてときおり，宮殿の階(きざはし)や，堀のみどりの草のうえや，ひとりふさぎこんだきみの部屋で，酔いはもう弱まり消えてしまったとき，きみが目をさましでもしたなら，たずねるがいい，風に，波に，空の星に，鳥に，大時計に，過ぎ行くものすべて，うめくものすべて，うねるものすべて，歌うものすべて，語るものすべてに，たずねるがいい，今は何時かと。すると風は，波は，空の星は，鳥は，大時計は，答えるだろう，「今こそは酔い痴れる

て，「とにかく，まったく」cf Je suis fatigué, mais si fatigué. とにかく疲れた。　11) **vous vous réveillez**: se réveiller　12) **l'ivresse déjà diminuée ...** : vous vous réveillez にかかる状況補語　12) **demandez à**「〜にたずねなさい」（命令法）

ENIVREZ-VOUS

est l'heure de s'enivrer ! Pour n'être pas les esclaves martyrisés du Temps, enivrez-vous ; enivrez-vous sans cesse ! De vin, de poésie ou de vertu, à votre guise. »

---

1) **pour n'être pas**「～でないために」(文章語) pour ne pas

酔うがいい

時だ！『時』にさいなまれる奴隷にならないよう，酔うがいい，たえず酔うがいい，酒でも，詩でも，美徳でも，何にでもきみの好きなものに。」

être が一般的な語順

LES FENÊTRES

　Celui qui regarde du dehors à travers une fenêtre ouverte, ne voit jamais autant de choses que celui qui regarde une fenêtre fermée. Il n'est
5 pas d'objet plus profond, plus mystérieux, plus fécond, plus ténébreux, plus éblouissant qu'une fenêtre éclairée d'une chandelle. Ce qu'on peut voir au soleil est toujours moins intéressant que ce qui se passe derrière une vitre. Dans ce trou
10 noir ou lumineux vit la vie, rêve la vie, souffre la vie.

　Par-delà des vagues de toits, j'aperçois une femme mûre, ridée déjà, pauvre, toujours penchée sur quelque chose, et qui ne sort jamais. Avec son
15 visage, avec son vêtement, avec son geste, avec presque rien, j'ai refait l'histoire de cette femme, ou plutôt sa légende, et quelquefois je me la raconte à moi-même en pleurant.

---

2) **celui qui**「～する人は」 2) **du dehors**「外から」de dehors ともいう　3) **autant de**「～と同じくらいの」　4) **Il n'est pas**：＝il n'y a pas　7) **ce qu'on peut voir**「見ることができ

窓

　開いている窓越しに外からのぞきこむ人は，閉ざされた窓を見詰める人ほど，決して多くを見ることはない。一本のろうそくの光に照らし出された窓ほど，奥深く，謎めいて，豊かで，闇につつまれ，まばゆいものはありはしない。白日の下に見られるものは，ガラス窓の奥で起きることほどには，いつもおもしろみがないものだ。この暗かったり明るかったりする穴の中に，生命が生き，生命が夢を見，生命が苦しんでいる。

　連なる屋根の波のむこうにひとりの中年の女が見える，もうしわが寄り，貧しく，いつも何かにかがみこみ，決して外にでない女が。その顔や，その服装や，その身ぶりや，ほんのささいな事柄から，わたしはその女の身の上話を，いやむしろその女の伝説を作りあげた。そして時々わたしはそれを自分自身に物語っては涙を流す。

るもの」ce が目的格の関係代名詞 que の先行詞となっている「〜のもの」　9) **ce qui se passe**：ce qui は，同様に主格の関係代名詞　12) **par-delà**：向こう側に（文章語）

LES FENÊTRES

Si c'eût été un pauvre vieux homme, j'aurais refait la sienne tout aussi aisément.

Et je me couche, fier d'avoir vécu et souffert dans d'autres que moi-même.

Peut-être me direz-vous : « Es-tu sûr que cette légende soit la vraie ? » Qu'importe ce que peut être la réalité placée hors de moi, si elle m'a aidé à vivre, à sentir que je suis et ce que je suis ?

---

1) **si c'eût été**〜「もし，〜であったならば」（文章語）c' は ce がエリジオンしたもの。eût été は être の接続法大過去で，si の後で直説法大過去に代わるもの（条件法過去第 2 形）　2) **tout aussi aisément** : tout は副詞で，aisément を修飾している。「非常に」　3) **fier d'avoir vécu et souffert** : 不定法の過去　souffert の前の avoir は省略されている。fier は動作

窓

　もしそれがあわれな老人であっても，その男の伝説を作るのは同じ様に造作もないことだったろう。

　そしてわたしは床に就く，自分以外の人たちのなかで生き，苦しんだのだと得意になって。

　あなたはこう問うかも知れない，「その伝説はたしかに本物なのか？」と。どうでもよいではないか，わたしの外にある現実がどんなだろうと。もしそれが生きる助けとなったのなら，そして自分がこの世にいることを，自分とは何なのかを，感じとるのに役立ってくれたのならば。

を行う際の主語の様態を表わす同格形容詞　5) **peut-être**：文頭にくると続く文は倒置形になる　5) **Es-tu sûr que**：être sûr que「～を確信している」否定文，疑問文では多く接続法をもちいる（＝soit）　6) **Qu'importe**「どうでもよい」　8) **je suis**：存在をあらわす être　8) **ce que je suis**：ce は関係代名詞 que の先行詞

— 119 —

LE PORT

    Un port est un séjour charmant pour une âme fatiguée des luttes de la vie. L'ampleur du ciel, l'architecture mobile des nuages, les colorations changeantes de la mer, le scintillement des phares, sont un prisme merveilleusement propre à amuser les yeux sans jamais les lasser. Les formes élancées des navires, au gréement compliqué, auxquels la houle imprime des oscillations harmonieuses, servent à entretenir dans l'âme le goût du rythme et de la beauté. Et puis, surtout, il y a une sorte de plaisir mystérieux et aristocratique pour celui qui n'a plus ni curiosité ni ambition, à contempler, couché dans le belvédère ou accoudé sur le môle, tous ces mouvements de ceux qui partent et de ceux qui reviennent, de ceux qui ont encore la force de vouloir, le désir de voyager ou de s'enrichir.

Le Port：この詩集には珍しい題材，ノルマンディーのオンフルール（ル・アーヴルの近く）に母親の住む別荘があり，時々訪れた。もともと若い時にインド洋を旅したボードレールにとって，海は縁のないものではない。2) **séjour**「一時的にい

港

　港は，人生の闘いに疲れはてた魂にとって，心ひかれる停泊地だ。大空のゆったりした広がりや，動いてやまない雲の建築物，さまざまに変わる海の色あい，灯台のきらめきなどは，決して飽きることなく人の眼をたのしませる，まさにうってつけの見事なプリズムだ。入り組んだ帆やロープを備えたすらりとした船のかたちに，大波のうねりが調和のよいさまざまなたゆたいを伝え，魂にリズムと美への好みを育む。そしてとりわけ，もう好奇心も野心も捨てたものにとって，見晴台に寝そべったり，防波堤に肘をついたりして，港を出入りし，旅をしたいとか，金持ちになりたいという，まだ何かを望む気力のある人たちのあらゆる動きを眺めるのは，なにかしら謎めいて貴族的なよろこびがあるものだ。

る所，滞在地」 8) **gréement**「索具」（船の帆，ロープ，鎖などの総称） 9) **auxquels la houle imprime**：先行詞は navires。「内面の日記」や「現代生活の画家」においても，動いている船や馬車の作り出す想像上の連続的な線の美しさを述べている，ここでも連続的な線を考えるべき。imprimer は，「跡をつける」 10) **servir à**＋不定詞「〜するのに役に立つ」 12) **il y a ... à contempler**：il y a (du) plaisir à＋不定詞＝「〜に楽しみを見出す，〜に喜びがある」 13) **pour celui qui〜**「〜する人にとって」 15) **de ceux qui partent ...**「〜する人々の」

目　　次

解　説 …………………………………………………… i

À ARSÈNE HOUSSAYE　アルセーヌ・ウーセに　2
L'ÉTRANGER　異国の人(1) …………………… 10
LA CHAMBRE DOUBLE　二重の部屋(5) ……… 12
LE MAUVAIS VITRIER　無能なガラス売り(9) … 24
LES FOULES　群集(12) …………………………… 36
LES VEUVES　寡婦たち(13) ……………………… 42
LE VIEUX SALTIMBANQUE　老いた道化(14) … 56
LE JOUJOU DU PAUVRE　貧乏人のおもちゃ(19)　68
LE CRÉPUSCULE DU SOIR　たそがれ(22) ……… 76
LES YEUX DES PAUVRES　貧乏人の眼(26) …… 86
LES VOCATIONS　天職(31) ……………………… 94
ENIVREZ-VOUS　酔うがいい(33) ……………… 112
LES FENÊTRES　窓(35) ………………………… 116
LE PORT　港(41) ………………………………… 120

(　)内の数字は原作の番号を示す

目録進呈　落丁本・乱丁本はお取替えいたします。

平成 14 年 7 月 20 日　　Ⓒ第 1 版発行
平成 30 年 7 月 20 日　　　第 2 版発行

ボードレール　パリの憂鬱	訳注者　松井 美知子（まつい みちこ） 発行者　佐藤 政人 --- 発行所 株式会社 **大学書林** 東京都文京区小石川 4 丁目 7 番 4 号 振替口座　　00120-8-43740 電話　(03) 3812-6281〜3番 郵便番号112-0002

ISBN978-4-475-02104-3　　写研/横山印刷/常川製本

大学書林
フランス語訳注書

著者・訳注者	書名	判型	頁数
ジャン・ジャック・ルソー作／但田 栄訳注	エミール	新書判	176頁
ジャン・ジャック・ルソー作／但田 栄訳注	孤独な散歩者の夢想	新書判	154頁
モリエール作／秋山伸子訳注	守銭奴	新書判	208頁
アラン・フルニエ作／榊原直文訳注	モーヌの大将	新書判	214頁
シャトーブリアン作／湟野ゆり子訳注	ルネ	新書判	158頁
ジョルジュ・サンド作／金山富美訳注	愛の妖精	新書判	152頁
エミール・ゾラ作／吉田典子訳注	居酒屋	新書判	192頁
ジェラール・ド・ネルヴァル作／坂口哲啓訳注	シルヴィ	新書判	180頁
ジュール・ヴェルヌ作／新島 進訳注	レのシャープ君とミのフラットさん	新書判	168頁
フローベール作／中島太郎訳注	純な心	新書判	176頁
モーパッサン作／小泉清明訳注	首飾り	新書判	128頁
ドーデー作／島岡 茂訳注	風車小屋だより	新書判	108頁
アポリネール作／望月芳郎訳注	アポリネールの詩と短篇小説	新書判	128頁
モーパッサン作／大塚幸男訳注	女の一生	新書判	80頁
スタンダール作／島田 実訳注	恋愛論	新書判	104頁
バルザック作／石田友夫訳注	ファチノ・カーネ	新書判	136頁
ワイルド作／望月一雄訳注	サロメ	新書判	112頁
アポリネール作／赤木富美子訳注	アポリネール短篇傑作集	新書判	112頁

―目録進呈―